Das
Streikpostenverbot

Von Dr. Ernst Kracht

München und Leipzig
Verlag von Duncker & Humblot
1914

Alle Rechte vorbehalten.

Altenburg
Pierersche Hofbuchdruckerei
Stephan Geibel & Co.

Meinem Großvater

Stadtrat a. D. D. Sievers
Ehrenbürger der Stadt Neumünster

in dankbarer Verehrung

zugeeignet

Vorwort.

Die Anregung zu der vorliegenden Arbeit verdanke ich Herrn Prof. Ad. Weber-Köln. Dem Verein der Industriellen des Regierungsbezirks Köln, der mir in liebenswürdigster Weise sein gesamtes Material in der Frage des Arbeitswilligenschutzes zur Verfügung gestellt hat, sowie den freien und christlichen Gewerkschaften Kölns sage ich für ihre freundliche Unterstützung in der Beschaffung des Materials auch an dieser Stelle meinen verbindlichsten Dank.

Kiel 1914.

Dr. E. Kracht.

Inhaltsverzeichnis.

	Seite
Einleitung	1
§ 1. Das Problem	1
Erster Abschnitt: Der Streikposten, sein Begriff und seine Aufgabe	3
§ 2. Der Begriff des Streikpostens	3
§ 3. Der Streikposten als notwendiges Kampfmittel der Arbeiterschaft	6
Zweiter Abschnitt: Der gegenwärtige Rechtszustand in bezug auf das Streikpostenstehen	12
§ 4. Der Streikpostendienst ist prinzipiell straflos (§§ 153 GO.)	12
§ 5. Die Ungültigkeit genereller Polizeiverbote	16
§ 6. Streikpostentätigkeit und grober Unfug	17
Dritter Abschnitt: Rechtfertigt sich ein Streikpostenverbot?	23
§ 7. Vorbemerkung: Die Sichtung der Argumente	23
Erster Unterabschnitt: Was spricht für ein generelles Streikpostenverbot?	32
§ 8. Die Streikpostentätigkeit als rechtswidrige Drohung	32
§ 9. Gewerkschaften und Ausschreitungen	37
§ 10. Der Streikposten als „Terrorist"	43
§ 11. Der Streikposten und die Gefahr der Ausschreitungen	47
§ 12. Belege aus der Praxis	51
§ 13. Überblick über die gesetzlichen Handhaben der Polizei gegenüber Auswüchsen des Streikpostenstehens	54
§ 14. Ungleichmäßigkeit des Rechtszustandes	63
§ 15. Die Gefahr der Polizeiwillkür	65
§ 16. Die Gestaltung der tatsächlichen Verhältnisse: Mängel der Polizeiorganisation und ihre Abhilfe	70
Zweiter Unterabschnitt: Was spricht gegen ein generelles Streikpostenverbot?	74
§ 17. I. Kriminalpolitisch unerwünschte Folgen	74
§ 18. II. Sozialpolitisch unerwünschte Folgen	77
§ 19. III. Schwierigkeiten der juristischen Begriffsbestimmungen des Streikpostenstehens	81
Dritter Unterabschnitt	84
§ 20. Empfiehlt sich ein beschränktes Verbot der Streikpostentätigkeit?	84
Schluß	86
§ 21. Gesetzesreform und Gesetzeshandhabung	86

Literatur.

Aschaffenburg, Die Bekämpfung des Verbrechens. Heidelberg 1906.
Bernstein, Der Streik („Die Gesellschaft" Bd. 4).
Van der Borght, Die Weiterbildung des Koalitionsrechts der gewerblichen Arbeiter in Deutschland. Berlin 1899.
Brentano, Der Schutz der Arbeitswilligen. Berlin 1899.
Brütt, Das Koalitionsrecht der Arbeiter in Deutschland und seine Reformbedürftigkeit. Berlin 1903.
Frank, Kommentar zum Deutschen Strafgesetzbuch. 1903.
Frey, Erich, Streik und Strafrecht. Heidelberg 1906.
Friedrich, Julius, Die Bestrafung der Motive und die Motive der Bestrafung. Berlin 1910.
Goldschmidt, Das Koalitionsrecht in den „Annalen des Deutschen Reichs für Gesetzgebung, Verwaltung und Statistik". 1901 S. 322 ff.
Herkner, Die Arbeiterfrage, 2. Aufl. Berlin 1899.
Hugo, Die englische Gewerkvereinsbewegung. München 1896.
Imle, D. Fanny, in der Monatsschrift für christliche Sozialreform 1912 S. 599 ff.
Legien, Das Koalitionsrecht der deutschen Arbeiter in Theorie und Praxis. Hamburg 1899.
Loening, Die Koalitionsfreiheit und das Reichsrecht in den Verhandlungen des Vereins für Sozialpolitik B. 76 S. 261 ff. Leipzig 1898.
Loewenfeld, Koalitionsrecht und Strafrecht im Archiv für soziale Gesetzgebung und Statistik, Bd. 14 S. 471 ff.
Maschke, Boykott, Sperre und Aussperrung. Jena 1911.
Posse, Streikpostenstehen und Arbeitswilligenschutz in der Kölnischen Zeitung vom 11. Dezember 1913.
Rosin, Polizeiverordnungsrecht in Preußen.
Rotering, „Koalitionsrecht. Streikpostenstehen als grober Unfug" im Preußischen Kommunalarchiv Bd. 4 S. 447 ff.
Steller, Paul, Streikpostenstehen und Schutz der Arbeitswilligen. In den Südwestdeutschen Flugschriften, Heft 22. Hrsg. von Dr. A. Tille.

Schippel, Max, Gewerkschaften und Koalitionsrecht der Arbeiter. 1899.
Tönnies, Straftaten im Hamburger Streik von 1896/97 im Archiv für soziale Gesetzgebung und Statistik Bd. 11.
Weber, Adolf. Der Kampf zwischen Kapital und Arbeit. Tübingen 1910.
Wernk, M., Die Geschichte und Ziele der deutschen Sozialpolitik. Leipzig 1908.
Zweite gemeinsame Arbeitsnachweiskonferenz der Hauptstelle Deutscher Arbeitgeberverbände und des Vereins Deutscher Arbeitgeberverbände am 20. Oktober 1911 in Wiesbaden. (Stenographische Niederschrift der Verhandlungen. Berlin 1911.)
„Zur Frage des Arbeitswilligenschutzes", im Korrespondenzblatt der Generalkommission der Gewerkschaften Deutschlands, 23. Jahrgang Nr. 48, 49, 50. 1913.

Abkürzungen.

Denkschrift des Hansabundes: „Der Schutz des Rechts auf Berufsausübung gegen unerlaubten Zwang, mit Rücksicht namentlich auf den terroristischen Boykott im politischen Kampf". Hrsg. v. d. Geschäftsführung des Hansabundes, Mai 1912.

Entwurf von 1899: „Entwurf eines Gesetzes zum Schutz des gewerblichen Arbeitsverhältnisses, Drucksachen des Reichstages Nr. 347 nebst Denkschrift betr. die Ausschreitungen in den Arbeitskämpfen der letzten Jahre".

D. A.-Z.: Deutsche Arbeitgeber-Zeitung.

D. J.-Z.: Deutsche Juristen-Zeitung.

H. u. G.: Handel und Gewerbe, Zeitschrift für die zur Vertretung von Handel und Gewerbe gesetzlich berufenen Körperschaften, I. A. des Deutschen Handelstages herausgegeben von Dr. Soetbeer.

N. Z.: Neue Zeit, Wochenschrift der deutschen Sozialdemokratie. Redigiert von K. Kautsky.

Johow: Die Rechtsprechung des Kammergerichts.

Reger: Entscheidungen der Gerichte und Verwaltungsbehörden. Hrsg. von A. Reger, München.

Schutz der Arbeitswilligen: Denkschrift des Zentralverbandes Deutscher Industrieller vom 1. Juli 1911. Mitgeteilt in der Deutschen Industriezeitung, 30. Jahrg. S. 497.

Verhandlungen: Verhandlungen über den Schutz der Arbeitswilligen im Verein der Industriellen des Regierungsbezirks Köln, vom 23. März 1910. Kölner Verlagsanstalt und Druckerei A.-G.

Z.-V. D. I.: Verhandlungen, Mitteilungen, Berichte des Zentralverbandes Deutscher Industrieller. Hrsg. von Dr. jur. Schweighoffer, früher von Generalsekretär Bueck, Berlin.

Einleitung.

§ 1. Das Problem.

Seit mehr als 15 Jahren steht der Schutz der Arbeitswilligen im Mittelpunkte der sozialpolitischen Erörterungen. Fast in einem Atem mit der immer stärker sich erhebenden Forderung nach größerem Schutz der Arbeitswilligen hat sich der Ruf nach einem Verbot des Streikpostenstehens erhoben, und heute kann man sagen, daß dieses Verbot geradezu zum Losungswort der ganzen Arbeitswilligenschutzbewegung geworden ist. Zweifellos hat die Erörterung hierdurch nicht an Klarheit und Sachlichkeit gewonnen. Das Schlagwort vom „Terrorismus der Streikposten" hat die Parteien aller Richtungen auf den Plan gerufen und eine starke politische Verquickung der aufgeworfenen Probleme verschuldet. Man vergaß dabei nicht nur, daß es sich um Fragen reiner Rechtspolitik handele, sondern man übersah von der Warte persönlicher Weltanschauungen, daß Arbeitswilligenschutz und Streikpostenverbot keineswegs identisch sind. Man wollte den Koalitionszwang bekämpfen und führte Argumente ins Feld, die sich gegen die Grundlage des Koalitionsrechtes richteten. Da galt diesen der Streikposten bekämpfenswert als „einer der gefährlichsten und am schwersten zu fassenden Auswüchse der Koalitionsfreiheit"[1], jenen aber war er gleichsam als Symbol der Koalitionsfreiheit unantastbar wie diese selbst. So wurde und ist auch heute noch das Bild des Streikpostens „von der Parteien Haß und Gunst verwirrt."

---

[1] Vgl. z. B. „Neue Reichskorrespondenz" vom 6. Juli 1910 und Bueck in: Z. V. D. J. Nr. 84 S. 30.

Die vorliegende Abhandlung will die Frage des Streikpostenverbots scharf herausheben aus der Fülle der Fragen die sich an das Problem des Arbeitswilligenschutzes knüpfen Sie versucht eine Lösung vom Standpunkt einer gesunden Rechtspolitik unter eingehender sozialpolitischer Würdigung der Streikpostentätigkeit und seiner Folgeerscheinungen. Daß eine sachlich aussichtsvolle Erörterung dabei auf dem Boden der durch die Gewerbeordnung gewährleisteten Koalitionsfreiheit sich zu stellen hat, bedürfte nicht der Hervorhebung, wenn dies nicht, wie zu zeigen sein wird, von den Gegnern nur zu oft übersehen wäre. Nicht also darum handelt es sich, ob die Forderung verstärkten Arbeitswilligenschutzes berechtigt ist oder nicht — eine Frage, die heute überwiegend bejaht zu werden pflegt — sondern, ob das fragliche Verbot dieser Forderung entgegen kommt oder gar umgekehrt schädlichere Folgen des Koalitionszwanges verursachen möchte.

Erster Abschnitt.
Der Streikposten, sein Begriff und seine Aufgabe.

§ 2. Der Begriff des Streikpostens.

Eine umfassende Begriffsbestimmung des Streikpostens ist in der Literatur nicht gegeben. Wo von ihm die Rede ist, setzt man den Begriff entweder als bekannt voraus oder begnügt sich mit einigen erläuternden Bemerkungen.

Der Streikposten ist Organ der örtlichen Streikleitung. „Für das ordnungsmäßige Führen des Streiks", heißt es zum Beispiel in den Anweisungen für die Ortsverwaltung des christlichen Holzarbeiterverbandes[1], „ist die Ortsverwaltung verantwortlich. Sie hat also alle Maßnahmen zu treffen und zu überwachen, die zur Durchführung des Streiks und Sicherung des Erfolges notwendig sind. Am Streikorte ist ein Streikbureau zu errichten. Von hier aus ist der Streik planmäßig zu leiten. Sofort bei Beginn eines Streiks sind an allen Zugängen Streikposten aufzustellen. Die Reihenfolge bestimmt die Streikleitung." Es ergibt sich, daß die Begriffsbestimmung des Streikpostens den Aufgabenkreis zur Grundlage haben muß, den die Streikleitung ihm zuweist[2].

Auf zweierlei hat die Streikleitung ihr Augenmerk zu

---

[1] Hersg. vom Zentralverbande Christl. Holzarbeiter Deutschlands, Köln, Juni 1913 S. 57.

[2] Wie sich der Streikposten dieser Aufgabe im Einzelfalle entledigt, steht hier nicht zur Untersuchung. Die Begriffsbestimmung hat es nur mit dem Wesen der Tätigkeit zu tun.

richten, da sie gegen zwei Fronten kämpft: gegen den Unternehmer des bestreikten Betriebes und gegen die Arbeitswilligen. Von der Erkenntnis ausgehend, daß der Erfolg in den allerseltensten Fällen auf bloßer Arbeitseinstellung beruhe, vielmehr die Stillegung des Unternehmens allein zum Sieg führen könne, ist die Gewerkschaftsbewegung stets bestrebt gewesen, den Zuzug fremder Arbeiter fern zu halten. Diese Fernhaltung kann schriftlich geschehen, sei es durch die Presse oder durch Plakate, oder mündlich durch besondere Organe der Streikleitung, eben die Streikposten. Diese werden außer an den Zugängen des bestreikten Betriebes je nach der Ausdehnung des Streiks auch an den Bahnhöfen aufgestellt, um etwa zuziehende Arbeitswillige gleich hier von der Tatsache des Streiks zu benachrichtigen und sie sofort zur Umkehr zu bewegen oder doch wenigstens in das Streikbureau zu führen, wo ihnen das Geld für die Abreise gezahlt wird. An die einheimischen Arbeitswilligen suchen die auf den Wegen zur Fabrik oder an dieser selbst aufgestellten Posten heranzukommen und sie unter Auseinandersetzung der Streiklage zur Niederlegung der Arbeit zu überreden. Dieses ist eine Seite der Streikpostentätigkeit, und zwar die ursprünglich einzige. Im engen Zusammenhange mit ihr steht die Aufgabe, sich fortdauernd über die Lage des bestreikten Betriebes zu unterrichten, insbesondere festzustellen, ob überhaupt und bejahendenfalls mit wieviel Arbeitern dort weiter gearbeitet wird, Tatsachen, die für einen Erfolg des Streiks von ausschlaggebender Bedeutung sind und einen wichtigen Bestandteil des Streikberichts ausmachen, welcher wöchentlich von der Ortsverwaltung an den Zentralvorstand gesandt werden muß. Die beschriebene ausgedehnte Überwachungstätigkeit ist es, die man meist im Auge hat, wenn vom Streikpostendienst gesprochen wird, dabei steht dann wieder der Versuch der Überredung der Arbeitswilligen im Vordergrund.

Sehr eng und in mehr formaler Weise definiert T. G. Spyers:

"Picketing consists in stationing men in the nighbourhood of a place where a strike is proceeding to inform the workmen of the fact"[1]. Auch Löwenfeld[2] sieht den Zweck des Streikpostenstehens nur darin, "arbeitswillige Arbeiter von der Existenz des Streiks zu benachrichtigen und von dem Eintritt in die bisherigen Arbeitsplätze der Streikenden abzuhalten"[3]. Daß diese Seite des Streikpostendienstes vorwiegend berücksichtigt wird, ist durchaus erklärlich. Nur in dieser Beziehung scheint sich die Frage des Streikpostenverbots mit dem Problem des Arbeitswilligenschutzes zu berühren und daher besonderes Interesse zu beanspruchen. Die Überwachungstätigkeit neben der "Bearbeitung" der Arbeitswilligen berücksichtigt vor allem die Definition der Königlichen Kommission von 1869, die vom englischen Parlament zur Untersuchung der Ausschreitungen bei Streiks eingesetzt wurde (in § 68 ihres Berichtes)[4]: "Das Postenstellen besteht darin, daß Mitglieder des Gewerkvereins an allen Zugängen zu dem Geschäft, gegen das sich der Ausstand richtet, aufgestellt werden, damit sie beobachten und berichten, welche Arbeiter in das Geschäft gehen und von dort kommen, und allen Einfluß aufbieten, um die Arbeiter an der Aufnahme der Arbeit zu verhindern." Daneben darf aber eine andere Aufgabe der Streikposten nicht vergessen werden, die mit der Einrichtung der Streikunterstützung seitens der Gewerkschaften zusammenhängt und sich als eine Kontrolle der Streikenden darstellt. Denn es bedarf einer genauen Beobachtung der eigenen Verbandsangehörigen, die Unterstützung beziehen, um zu verhindern, daß sie trotz der Unterstützung Streik-

---

[1] The labour question. London 1894 S. 18.
[2] a. a. O. S. 514.
[3] Ähnlich und sehr formal Legien a. a. O. S. 83, welcher das Streikpostenstehen als den Versuch charakterisiert "mit den Arbeitern, die sich einem Streik nicht anschließen, in Berührung zu kommen."
[4] Hugo a. a. O. S. 110.

arbeit verrichten. Auch dies geschieht am besten durch eine Überwachung des bestreikten Betriebes und seiner Zugänge.

Alle diese drei Tätigkeiten: die Überwachung zum Zwecke der Beobachtung der Streiklage, die Kontrolle der Verbandsangehörigen und die Fühlungnahme mit den Arbeitswilligen fallen in den Aufgabenkreis der Streikposten und es ist nicht richtig, die eine Tätigkeit auf Kosten der anderen besonders zu betonen oder gar als allein ausschlaggebend zu betrachten, wenngleich im Einzelfall die eine oft hinter der anderen zurücktreten kann. Diese Vielgestaltigkeit des Aufgabenkreises erschwert eine umfassende und doch prägnante Definition. Das vom volkswirtschaftlichen Standpunkte Wesentliche dürfte in der folgenden Definition enthalten sein: Der Streikposten ist ein Organ der örtlichen Streikleitung mit der Aufgabe, einerseits die zur erfolgreichen Führung des Streiks nötigen Aufklärungen zu geben oder zu empfangen, andererseits ergänzend zu der vom Streikbureau ausgeübten notwendigen Kontrolle der Verbandsgenossen beizutragen[1].

§ 3. Der Streikposten als notwendiges Kampfmittel der Arbeiterschaft.

Es ist wiederholt die Frage aufgeworfen, ob denn der Streikposten ein notwendiges Kampfmittel der Arbeitnehmer im Kampf zwischen Kapital und Arbeit sei, und diese Frage ist vielfach verneint worden.

Betrachten wir zunächst die Seite der Streikpostentätigkeit soweit die Überwachung des Betriebes und die Fühlungnahme mit den Arbeitswilligen in Frage steht, so hat man in dieser Beziehung geltend gemacht, daß „zu diesem Zwecke den Arbeitern ja ihre Presse und die Versammlungen zur Verfügung ständen"[2]. Es mag nun zugegeben werden, daß in manchen großen Organisationen solcher Arbeiter, die als

---

[1] Über die Schwierigkeiten einer juristischen Definition vgl. § 19.
[2] Vgl. H. u. G. 19. Jahrg. Nr. 32 S. 723 u. 729.

hochqualifiziert nicht durch jeden Dritten ersetzbar sind, die Fachpresse zur Information der Verbandsgenossen ausreichen wird. Aber solche Organisationen gibt es doch nur sehr wenige, und für die übrigen gelten die folgenden Worte Bernsteins[1]: „Es liegt ja auf der Hand, daß für die Fernhaltung des Zuzuges die Bekanntgabe ausgebrochener oder bevorstehender Streiks in der Arbeiterpresse bei deren noch ungenügender Verbreitung und der geringen sozialpolitischen Ausbildung großer Teile der Arbeiterschaft für gewöhnlich nicht ausreichen wird und daß daher eine mündliche Einwirkung . . . unumgänglich wird". Auch Löwenfeld[2] hält die Verbindung beider Wege, Presse und Streikposten, für regelmäßig unentbehrlich. Er weist insbesondere auch darauf hin, daß die Bekanntgabe durch die Presse schon zum Konflikt mit dem Strafgesetzbuch geführt habe. So hat das Reichsgericht die Bemerkung „Zuzug fernhalten" in einem Verbandsorgan unter den Begriff der verbotenen Verrufserklärung gebracht[3]. Aber selbst wenn man solche Bekanntgabe durch die Presse reichsgesetzlich zulassen wollte, würde dieses aus den oben erwähnten Gründen einen vollwerten Ersatz für die Streikpostentätigkeit nicht bieten[4]. Das gleiche gilt von den Plakaten. Auch sie vermögen in der Arbeiterschaft — und eben auf deren Lebensweise muß gerechtermaßen abgestellt werden — das gesprochene Wort nicht zu ersetzen.

---

[1] a. a. O. S. 70.
[2] a. a. O. S. 535—537; vgl. auch 514.
[3] Reger, Bd. 11 S. 218.
[4] Auf eine für die Arbeiter unangenehme Nebenwirkung der Bekanntmachung des Streiks in der Presse macht das Handbuch der christlichen Gewerkschaften Deutschlands (Köln 1905) S. 107 aufmerksam; es heißt dort: „Nicht immer ist es gut, wenn bei einem Streik zu viel in der Tagespresse vor Zuzug gewarnt wird. Dadurch werden gewisse Streikbrecheragenten, ein „Beruf", der sich in den letzten Jahren gebildet hat, auf den Streik aufmerksam und bieten sich den Unternehmern als Arbeitervermittler an. Auch die Berufsstreikbrecher werden nur zu leicht durch Warnungen angezogen".

"Die Arbeiterschaft hat mit ihren Lebensformen kein wirksameres Verständigungsmittel untereinander, als das Wechselwort von Mund zu Mund[1]." Falsch ist es auch, die Frage der Notwendigkeit des Streikpostendienstes mit dem Hinweis auf die Arbeitgeber zu verneinen, die solches „Recht auf die Straße" sich nicht anmaßen. Es wäre das eine mechanische Gleichstellung zweier ganz verschiedener Dinge. Die Arbeitgeber sind wenige, und was diese wenigen unter sich abzumachen wünschen, das kann sich völlig hinter verschlossenen Türen abspielen; zudem stehen ihnen Telephon und Telegraph als einfaches Mittel zur Verfügung, um mit Leichtigkeit und in kurzer Zeit eine Aussperrung für die ganze Branche durchzuführen. Dagegen spielt sich der Streik, soweit er die Arbeiterschaft betrifft, in der Öffentlichkeit ab und es liegt auf der Hand, daß die Tätigkeit, die die Streikenden entfalten, sich dieser Sachlage anpassen muß. Aber sehen wir selbst von einer unmittelbaren Fühlungnahme zu den Arbeitswilligen ab, so bleibt stets die Notwendigkeit die Feststellung der Arbeitswilligen[2]. Gerade hierin liegt die Stärke der Beeinflussung der Arbeitswilligen durch die Streikposten, indem ihnen zum Bewußtsein gebracht wird, daß sie einer strengen Kontrolle unterliegen und daß ihre Handlungsweise als Verrat an der gemeinsamen Sache von den Kollegen aufgefaßt und späterhin gebrandmarkt werden wird. Einer solchen Kontrolle unterliegt der Unternehmer ständig, da es seinen Berufsgenossen nicht schwer ist, bei der geringen Zahl sich über alles Wünschenswerte zu orientieren. Dies ist immer da anders, wo es sich um große Zahlen handelt, wie hier bei der Arbeiterschaft unter sich so bei der Stellung des

---

[1] S. Pr. Bd. 19 S. 484.

[2] Dieser Begriff wird hier stets im weitesten Sinne gebraucht. Als Arbeitswillige im engeren Sinne pflegt man die in dem bestreikten Betriebe Weiterarbeitenden im Gegensatz zu den in die freigewordenen Stellen einrückenden eigentlichen „Streikbrecher" zu bezeichnen.

§ 3. Der Streikposten als notwendiges Kampfmittel d. Arbeiterschaft.

Unternehmers wiederum zu den Arbeitern. Aber auch hier hat der Arbeitgeber geeignete Mittel, um einen Druck auf die Arbeiter auszuüben: Abgesehen von der Benutzung der schwarzen Listen kann im Falle eines Streiks von der Zentrale der Arbeitgeberverbände schnell und einfach ein generelles Verbot an die einzelnen Unternehmer ergehen, Arbeiter aus den mit Streik bedrohten Gebieten einzustellen. Auf diese Weise wird mit einem Schlage die Gesamtheit der Arbeitnehmer betroffen. Diese dagegen müssen durch die Streikposten den einzelnen Streikbrecher erst feststellen, um den moralischen Druck wirksam machen zu können.

Wie schon kurz angedeutet, beantwortet sich daher die Frage der Notwendigkeit des Streikpostenstehens verschieden je nach den Organisationen, die am Streik beteiligt sind, und nach der Art des Streikes selbst. So werden die Streikposten bei Ausständen, die sich über weite Gebiete hin erstrecken, seltener und oft nur mehr der Form halber verwendet. Die Hauptrolle spielen sie da, wo Streitigkeiten lokaler Art mit einer oder einigen wenigen Firmen ausgetragen werden. Bei dem Streik der Buchbinder im Jahre 1906 bedienten sich die Gewerkschaften lediglich Maßnahmen innerer Natur, d. h. sie sandten Zirkulare an die Buchhändler und Interessenten und sorgten für Aufklärung durch die Presse. Bei der Art der in Betracht kommenden Arbeiterkreise konnten sie hiermit durchaus auskommen. Gut organisierte qualifizierte Arbeiter können eben „in ihrer Gesamtheit überhaupt nicht durch Streikbrecher ersetzt werden; sie blicken daher auf das Heranziehen von solchen mit einer gewissen philosophischen Ruhe" (Bernstein). Diese Tatsachen spielen wiederum eine Rolle auch bei Streiks, die an sich von mehreren Verbänden geführt werden, aber in Form eines Werkstättenstreiks, da in diesem Falle tatsächlich nur eine kleine, aber unersetzbare Arbeiterschaft streiken wird. Aus alledem ergibt sich, daß Bernstein [1]

---

[1] a. a. O. S. 74.

recht hat, wenn er die ganze Frage des Streikpostenstehens nur „als Erscheinung einer noch unentwickelten Phase der Organisationsbewegung der Arbeiter betrachten will." Ob allerdings die Zeit, wo das Streikpostenstehen ganz allgemein als unentbehrlich bezeichnet wird, in erreichbarer Nähe liegt, dürfte zu bezweifeln sein. Die Behauptung Brentanos[1], daß „die bestorganisierten Gewerkvereine das Postenstehen kaum mehr für nötig erachten", gilt in dieser Allgemeinheit für Deutschland jedenfalls nicht. Dieser Optimismus scheint ähnlich wie der von Hugo[2] mehr in Betrachtung englischer Verhältnisse seinen tieferen Grund zu haben. Man wird aber gerade auch in dieser Frage vor einer Übertragung englischer Verhältnisse auf Deutschland warnen müssen. Schon die Vielgestaltigkeit der Arbeiterorganisationen, d. h. ihre horizontale Schichtung, steht einer gedeihlichen Entwicklung in diesen Dingen sehr hinderlich gegenüber, noch mehr aber vielleicht die Eingestaltigkeit der einzelnen Gewerkschaften in vertikaler Schichtung, die Einbeziehung von gelernten und ungelernten Arbeitern in einer Organisation, wie es zum Beispiel in den Verbänden der Industriearbeiter bei uns der Fall ist. Wenn also zuzugeben ist, daß die Tendenz der Gewerkschaftsbewegung zur Beseitigung der Streikposten führt, ja daß es schon heute einige wenige Gewerkschaften gibt, die das Aufstellen von Streikposten nur noch als eine „formale Maßregel betrachten, ihr eine materielle Bedeutung für den Ausgang des Kampfes aber nicht mehr zuschreiben"[3], so ist jedenfalls zur Zeit die Notwendigkeit der Streikpostentätigkeit von den deutschen Gewerkschaften im allgemeinen anerkannt und wird auch dementsprechend gehandhabt, es sei denn, daß im Einzelfalle wegen der Art der Streikbewegung

---

[1] a. a. O. S. 16.
[2] a. a. O. S. 117.
[3] Bernstein a. a. O. S. 74.

oder der Übersichtlichkeit der Lokalverhältnisse oder aus anderen Gründen die Streikposten sich erübrigen.

Dies wird gegenüber Brentano und Bernstein umsomehr zu betonen sein, wenn man an die Kontrolltätigkeit der Streikposten als einer keineswegs unwichtigen Seite ihres Dienstes denkt, die sich ebenfalls nur bei sehr gut und fest durchgeführter Organisation erübrigen wird.

Es stellt sich also jedenfalls zurzeit der Streikposten als notwendiges Mittel zur erfolgreichen Betätigung der Koalitionsfreiheit in Arbeitskämpfen dar, so daß ein generelles Verbot zunächst sicherlich eine Erschwerung dieser Kämpfe für die Arbeiterschaft bedeuten würde[1].

---
[1] Herz, in der „Hilfe" 1912 S. 894; vgl. auch L. B. Boudin im „Archiv für die Geschichte des Sozialismus und der Arbeiterbewegung" IV, 1 (1913) S. 46 ff. über die Verhältnisse in den Vereinigten Staaten.

Zweiter Abschnitt.
Der gegenwärtige Rechtszustand in bezug auf das Streikpostenstehen.

§ 4. Der Streikpostendienst ist prinzipiell straflos. (§§ 153 GO.)

Grundlegend für die Erörterung der Notwendigkeit und Zweckmäßigkeit eines Streikpostenverbotes ist ein Überblick über den heutigen Rechtszustand, soweit er die Tätigkeit der Streikposten berührt.

Die Frage der Zulässigkeit eines Verbotes wurde zum ersten Male akut, als der Senat der Stadt Lübeck in einer Verordnung vom 24. April 1900 bestimmte: „Personen, welche planmäßig zum Zwecke der Beobachtung oder Beeinflussung der Arbeiter einer Arbeitsstätte oder des Zuzugs von Arbeitern zu einer Arbeitsstelle an einem öffentlichen Ort sich aufhalten, werden mit Geldstrafen bis zu 150 Mk. oder mit Haft bestraft".

Diese Verordnung wurde, nachdem sie Gegenstand einer Debatte in der Reichstagssitzung vom 11. Juni 1900 gewesen war, vom Reichsgericht[1] für ungültig erklärt unter Hinweis auf den § 152 GO. in Verbindung mit Artikel 2 der Reichsverfassung, indem das Reichsgericht ausführte, daß die Verordnung eine reichsgesetzlich straflose und erlaubte Vorbereitung der Beeinflussung von gewerblichen Arbeitern zum Zwecke einer Arbeitseinstellung unter Strafe stelle und daher

---
[1] Reger 21 S. 151.

in Widerspruch mit Art. 2 RV. stehe. Auch das Kammergericht hat das Streikpostenstehen als solches in der Folge stets für straflos erklärt[1].

Die Beweisführung des Reichsgerichts kann nicht als durchschlagend angesehen werden[2]. Die Zulässigkeit von Streik, Boykott, Sperre und Aussperrung beruht generell auf den allgemeinen Normen des Zivilrechts und Strafrechts. Die wesentliche Bedeutung des § 152 GO. ist darin zu erblicken, daß er durch Aufhebung der bisherigen und Ausschluß künftiger landesrechtlicher Regelung den Weg für die Beurteilung der Koalitionen nach sonstigem Reichsrecht (§§ 823 bis 826 BGB.) freimachte, mit anderen Worten die Ausnahmestellung des Rechts der Lohnkämpfe beseitigte[3]. Ein Landesgesetz, das das Streikpostenstehen unter Strafe stellt, greift daher nicht in die reichsgesetzliche Materie des § 152 GO. ein. Das hier zur Erörterung stehende Problem steht auf einem anderen Blatt. Nicht weil der Streik gemäß § 152 GO. zulässig ist, ist es auch die Streikpostentätigkeit: letztere wirkt notwendigerweise auf die Rechtssphäre Dritter in irgend einer Art ein, und über die Zulässigkeit derartiger Einwirkungen wollte der § 152 nichts bestimmen. Hier greift § 153 GO. Platz, der es mit der Abgrenzung der straflosen von der strafbaren Beeinflussung bei Lohnkämpfen zu tun

---

[1] Vgl. die Erklärung des Senatspräsidenten beim KG. Groschuff i. d. D.J.Z. Bd. 5 S. 522.

[2] Nicht richtig ist es, wenn Brütt a. a. O. S. 293 schon deshalb das Urteil des Reichsgerichts für verfehlt ansieht, weil „eine an und für sich strafbare Handlung nicht dadurch zu einer straflosen werden könne, daß sie den in § 152 GO. sanktionierten Zwecken dient". Brütt verkennt den Standpunkt des Reichsgerichts, welches die Streikpostentätigkeit als notwendigen Bestandteil der durch § 152 GO. für zulässig erklärten Verwirklichung der Koalitionsfreiheit ansieht.

[3] Nur wenn man dieser von Maschke a. a. O. S. 47 und 48 vertretenen Auffassung folgt, wird man auch in der Beurteilung von wirtschaftlichen Kämpfen, die außerhalb des Rahmens der Gewerbeordnung fallen, zu einem befriedigenden Ergebnis kommen.

hat und in dieser Beziehung ein Sonderrecht, nämlich das Sonderrecht des strafbaren Koalitionszwanges schuf. Daß der Gesetzgeber mit dem § 153 GO. eine solche sonderrechtliche Regelung bezweckte, ergibt sich aus dem Wortlaut des Gesetzes, wonach der § 153 GO. neben den allgemeinen strafrechtlichen Normen, zurzeit also insbesondere neben dem § 240 StGB., Gültigkeit behalten soll.

Das Reichsgericht kommt denn auch, indem es übersieht, daß es sich bei der Frage des Streikpostenstehens um die Beeinflussung der Willensfreiheit Dritter und damit um einen Tatbestand handelt, den der § 152 GO. überhaupt nicht regeln wollte, zu einem Zirkel, in dem es betont, daß gemäß § 152 GO. straflos sei „die Beeinflussung, sei es durch Wort oder Schrift oder andere **erlaubte** Mittel": dabei steht ja aber gerade in Frage, ob das Streikpostenstehen zu diesen erlaubten Mitteln gehöre, eine Frage, die nur nach dem dafür maßgebenden § 153 GO. beantwortet werden kann. Aus diesem Paragraphen in Verbindung mit § 2 Einführungsgesetz zum Strafgesetzbuch ergibt sich die Straflosigkeit des Streikpostenstehens[1]. So gewiß auch der Posten im Einzelfalle gegen den § 153 GO. verstoßen kann, so sicher kann das Postenstehen selbst unmöglich als verkörperte Drohung im Sinne dieses Paragraphen aufgefaßt werden. Maschke[2] weist mit Recht darauf hin, daß eine solche Ansicht notwendigerweise dazu führen müsse, ein polizeiliches Verbot des Waffentragens für ungültig zu erklären, weil das Tragen eine Vorbereitungshandlung zur Körperverletzung sei und diese im Strafgesetzbuch unter Strafe gestellt sei.

Umgekehrt hat Brütt[3] gegenüber der Beweisführung aus

---

[1] Den Begriff der Materie und die damit in Zusammenhang stehenden Rechtssätze auch auf solche reichsrechtliche Strafbestimmungen auszudehnen, die sich außerhalb des Strafgesetzbuchs finden, erscheint mit dem Reichsgericht (RGE. 34 S. 121) unbedenklich.

[2] a. a. O. S. 51.

[3] a. a. O. S. 292 und 293.

§ 153 in Verbindung mit EG. Art. 2 auf den oben geschilderten verschiedenartigen Aufgabenkreis der Posten hingewiesen und gefolgert, daß das Streikpostenstehen nicht notwendig stets Mittel zur Beeinflussung zu sein brauche, also nicht unbedingt in jedem Falle unter den Gesichtspunkt des Rechtsguts der Willensfreiheit zu bringen sei. Dies Argument schlägt zwar für die Lübecker Verordnung nicht durch, da diese die Absicht der Beeinflussung oder wenigstens der Beobachtung der Arbeitswilligen als Voraussetzung der Strafbarkeit ausdrücklich fordert. Aber auch ganz allgemein ist zu bedenken, daß sich die verschiedenen Seiten der Streikpostentätigkeit zwar logisch und theoretisch, aber niemals praktisch scharf trennen lassen. Selbst wenn in einem Falle die Aufgabe der Posten sich auf die Kontrolle der Verbandskollegen beschränken würde, so wäre mit der dazu notwendigen Beobachtung des Betriebes zugleich eine Beobachtung der Arbeitswilligen untrennbar verbunden. Diese Tatsache allein aber übt den nötigen Druck auf die Arbeitswilligen aus und berührt damit die Sphäre der Willensfreiheit.

Es ist daher festzustellen, daß das Streikpostenstehen gemäß § 153 GO. in Verbindung mit EG. z. StGB. § 2 durch landesgesetzliche Bestimmung nicht wirksam verboten werden kann[1].

§ 5. Die Ungültigkeit genereller Polizeiverbote.

Nicht entschieden ist hiermit, worauf auch Maschke a. a. O. hinweist, die Frage, inwieweit im Wege der Polizeiverordnung das Postenstehen „als gegen die öffentliche Ruhe, Sicherheit und Ordnung verstoßend" generell verboten werden kann. Der § 2 des EG. z. StGB. schlägt hier nicht ein: denn die Materie der Übertretung stellt sich nicht als erschöpfende Regelung im Strafgesetzbuch dar, so daß polizeiliche Normen hier im weitesten Umfange ergänzend eingreifen können.

---

[2] Vgl. auch Buchka in der D. J.-Z. Bd. 5 S. 308 ff.

Derartige Polizeiverordnungen sind bezüglich der Boykottposten schon mehrfach erlassen, so bestimmte z. B. die Amtshauptmannschaft Dresden-A., um dem „die öffentliche Ordnung und Ruhe sowie den öffentlichen Verkehr störenden Vorgehen bei Boykotts mit Erfolg zu begegnen": „Wer es in Zukunft unternimmt, den Gewerbebetrieb eines anderen dadurch zu stören oder zu beeinträchtigen, daß er öffentlich vor einer Menschenmenge oder durch Verbreitung von Schriften oder durch öffentlichen Anschlag oder sonst auf öffentliche Weise dazu auffordert, bei einem bestimmten Gewerbetreibenden keine Waren anzukaufen oder zu bestellen, wird . . . . bestraft"[1]. Ähnliche Verordnungen ließen sich auch bezüglich der Streikposten denken. Meines Erachtens sind sie für unzulässig zu erklären. Es ist oben die Ungültigkeit genereller landesrechtlicher Verbotsbestimmung des Streikpostenstehens festgestellt. Auch hier haben wir es mit einem generellen Verbot zu tun. An dessen Unzulässigkeit ändert auch nichts, daß die Verordnungen die Erhaltung der Ruhe und Ordnung ausdrücklich oder doch dem Sinne nach bezwecken. Denn diese Zwecksetzung bildet bei dem generellen Verbot lediglich ein rechtlich unbeachtliches Motiv des Verordnenden, wenn der Inhalt der Verordnung in dieser Beziehung eine Einschränkung nicht kennt, in welchem Falle es sich um eine Verordnung handeln würde, die die Erhaltung der Ruhe und Ordnung zur Voraussetzung eines Einschreitens im Einzelfalle machen würde[2]. Wollte man einwenden, daß der Verordnende davon ausgehe, daß das Streikpostenstehen schlechthin und stets gegen die öffentliche Ordnung verstoße, so würde eine

---

[1] Ähnlich lautet eine Verordnung der sächsischen Amtshauptmannschaft Borna vom 2. September 1905 (beide abgedruckt bei Maschke a. a. O. S. 289). Das OLG. Dresden hat die erstere Verordnung in einem Urteil vom 24. Oktober 1907 m. E. zu Unrecht für gültig erklärt.

[2] Über polizeiliche Maßnahmen zur Erhaltung der Ruhe und Ordnung und der Verkehrssicherheit im Einzelfalle vgl. § 13.

solche Ansicht doch rechtlich unbeachtlich sein, da in diesem Falle die Verordnung als Versuch der Umgehung des Verbotes landesrechtlicher Bestimmungen gegen das Streikpostenstehen erscheinen würde. Es kann auch nicht geltend gemacht werden, daß durch die Verordnung gar nicht in die Materie des § 153 GO. eingegriffen werden solle, da man nicht das Streikpostenstehen wegen seines Zweckes, sondern nur die Form und die Art, in der es in Erscheinung trete, treffen wolle. Das wäre richtig, wenn nur der konkrete Fall durch die Verordnung getroffen würde; aber eben die Zulässigkeit solcher Erwägungen für den Fall eines generellen Verbotes würde die Zwecke der reichsgesetzlichen Regelung illusorisch machen. Auch der Hinweis auf § 360 Ziffer 10 des StrGB. kann eine polizeiliche Verordnung der fraglichen Art nicht rechtfertigen. § 360 Z. 10 ist ein Blankettgesetz. Es bietet also nicht die rechtliche Unterlage für ein polizeiliches Verbot, sondern setzt diese im Gegenteil voraus. Auf diesen Standpunkt hat sich auch die Staatsanwaltschaft zu Rostock gestellt, als diese Stadt ihre im Jahre 1897 erlassene Verordnung betr. das Streikpostenstehen im November 1902 unter dem letzterwähnten Gesichtspunkte erneuerte. Eine Beschwerde bei der Oberstaatsanwaltschaft hatte keinen Erfolg [1].

§ 6. Streikpostentätigkeit und grober Unfug.

Wie verhält sich endlich der Tatbestand des groben Unfugs zum Streikspostendienst? Die Praxis der Gerichte hat in dieser Richtung in den letzten 20 Jahren sich stark gewandelt. Während in den 90er Jahren Bestrafungen der Streikposten aus § 366 Ziffer 11 des StGB. so häufig waren, daß man geradezu von einem „groben Unfug in der Rechtsprechung" gesprochen hat, sind zuletzt Urteile in diesem Sinne nicht mehr bekannt geworden. Dieser Wandel ist durch-

---

[1] Vgl. S. Pr. Bd. 12 S. 175.

aus zu begrüßen. Es hat den Anschein, als ob manche Urteile aus jener Zeit[1] von einseitiger sozialpolitischer Anschauung getragen gewesen seien. Daß dieses in der gehässigsten Weise für die Agitation nutzbar gemacht und so zur Verschärfung der Klassengegensätze in hohem Maße beigetragen wurde, bedarf kaum der Hervorhebung: besteht doch fast in allen Fällen strafrichterliche Justiz, wenn es sich um sozialpolitische Gesichtspunkte handelt, die Gefahr agitatorischer Hetze. Dieser ward hier um so eher Raum gegeben, als der Gesetzgeber bei Schaffung der fraglichen Norm an den nunmehr unterstellten Tatbestand zweifellos nicht gedacht hat. Und allerdings mußte man bei der Anwendung des § 366 Ziffer 11 StrGB. auf das Streikpostenstehen ins Uferlose geraten. Das zeigen schon die folgenden Ausführungen eines Urteils des Oberlandesgerichts zu Breslau aus dem Jahre 1898[2], wo es heißt: Das Streikpostenstehen „sei geeignet gewesen, nicht bloß den Kreis der Arbeitgeber, sondern über diesen hinaus auch weitere Kreise des Publikums zu belästigen und in ihrem Sicherheitsgefühl zu stören, da alle Passanten daran denken mußten einer Kontrolle oder einer eventuellen Einwirkung auf sie unterworfen zu sein. Ob tatsächlich einzelne Personen angehalten und belästigt seien, sei gleichgültig. Es handele sich eben um ein Verhalten, das nach Tendenz und Art eine Belästigung des Publikums enthalte." Die hier maßgebenden Gesichtspunkte sind offenbar lediglich polizeilicher Natur. Der § 366 Z. 11 würde sich danach als generelle Verordnung darstellen, die jede Belästigung des Publikums verbiete. Auf diese Weise wäre die reichsgesetzliche Regelung des Koalitionszwanges umgangen.

Neuerdings hat Rotering[3] wiederum die Zulässigkeit einer Bestrafung des Postens aus § 366 Z. 11 des StrGB. befür-

---

[1] Siehe die Zusammenstellung der Urteile bei Legien a. a. O. S. 95 f.
[2] S. Pr. 1898 S. 37; vgl. auch Reger Bd. 18 S. 253.
[3] a. a. O. S. 447 ff.

wortet. Auch er charakterisiert den groben Unfug als Belästigungsdelikt; es solle „dadurch gerügt werden die Verkehrsstörung, die in der Belästigung des Publikums oder seines gewillkürten Vertreters sich auslebe". Der Sinn des § 366 Z. 11 sei, zu verhindern die „polizeiwidrige Beeinflussung des öffentlichen Verkehrs durch eine Beeinträchtigung der Bewegungsfreiheit, weil damit eine Annäherung der Reibungsflächen und damit wenigstens eine entfernte Sicherheitsgefahr (die Polizeigefahr als Gefahr der Gefahr) hervorgerufen wird". Diese Sätze finden im Wortlaut des § 366 Z. 11 keine Stütze. Sie laufen darauf hinaus, eine „Gefahr der Gefahr" unter Strafe zu stellen, die in diesem weiten Sinne kaum ein polizeiliches Einschreiten zu rechtfertigen vermag. Rotering selbst hält auch an seiner Begriffsbestimmung nicht fest, wie die von ihm angeführten Beispiele zeigen: So weist er hin auf das „schikanöse Hin- und Herfahren" in der Straße als der „mutwilligen Scheinbenutzung des Raumes" als ein Beispiel für „die ungerechtfertigte Motivunterschiebung zum Verlassen des Orts". Hier treten also neben die bloß polizeiwidrige Beeinflussung zwei neue Momente: das objektive des „Ungerechtfertigten" und das psychische der „Mutwilligkeit" als Voraussetzungen des groben Unfugsbegriffs auf. Diese Gesichtspunkte treten dann allerdings bei der Erörterung des Streikpostenstehens ganz zurück. Hier bildet den Ausgangspunkt wieder die bloße Belästigung, so zwar, daß „die Personenvielheit tangential berührt sei nur, wenn die Belästigung statthabe gegenüber dem Publikum als dem nach Ab- und Zugang abgeschlossenen Personenkreis oder seiner Vertretung als den beliebigen Arbeitswilligen ohne Rücksicht auf die Individualität". Da von diesem Standpunkte aus das Streikpostenstehen fast in allen Fällen — „außer für den Umkreis einer kleinen Werkstätte etwa" — strafbar sein würde, so fordert Rotering noch ein weiteres Moment: Die Ursachen der Hemmungen der Bewegungsfreiheit im Einzelfalle müssen so beschaffen sein, daß sie „als metus maioris qualitatis einen besonnenen, verständigen Menschen nicht unbeeinflußt lassen". Dadurch hat sich in den Tatbestand des groben Unfugs ein Moment des Koalitionszwanges eingeschlichen und der Streikposten erscheint nunmehr in diesem neuen eigens für ihn zugeschnittenen Gewande als der Typus des Unfugsstifters. Denn indem Rotering stets dann den § 366 Z. 11 anwenden will, falls „dem Täter bekannt ist, daß die Aufstellung als Streikposten den Arbeitswilligen als Vertreter der Gesamtheit veranlaßt, widerwillig sein Vorhaben aufzugeben oder auch nur einen anderen etwa noch offenen Weg statt des gewohnten zur Arbeitsstätte einzuschlagen", so ist damit das Streikpostenstehen völlig unterbunden. Diese Erörterungen zeigen, daß man den Tatbestand des groben Unfugs bedeutend enger fassen muß, wenn man nicht Gefahr laufen will, grundlegende strafgesetzliche Bestimmungen illusorisch zu machen. Zu einer richtigen Begrenzung des Begriffs kommt man, wenn man den groben Unfug auffaßt als das, was er nach der allgemeinen Volksauffassung ist und als welcher er sich auch nach der Entstehungsgeschichte des Gesetzes darstellt. Unfug kann nicht, wie man nach der Etymologie annehmen sollte, jedes wider Fug und Recht geschehene Handeln bedeuten. Vielmehr steckt nach allgemeiner Anschauung in dem Worte Unfug ein psychologisches Moment, das auch Rotering bei seinen Beispielen keineswegs außer acht läßt. Wenn Feueralarm ertönt, so tritt eine gewisse psychische Spannung und in vielen Fällen eine Verkehrsstockung durch das Zusammenströmen des Publikums ein. Dieser Tatbestand ist zunächst der gleiche, mag tatsächlich Feuersgefahr bestehen oder nicht. Stellt sich aber heraus, daß der Alarm ein beabsichtigter blinder war, so löst sich die Spannung aus in einen allgemeinen Unwillen und Ärger, der sich gegen den Täter richtet: Man hat es zweifellos mit grobem Unfug zu tun. Daraus ergibt sich, daß das den groben Unfug charakterisierende Moment ein vorwiegend psychologisches sein muß. Grober Unfug ist zwar nicht zweckloses Handeln, denn ein solches gibt es nicht; aber es ist Handeln ohne verständigen Zweck[1]. Dem Tatbestand des groben Unfugs wohnt also eine besondere Beziehung des ausschlaggebenden Motivs des Täters zur Tat inne[2]. Nicht die Störung als solche wird bestraft, sondern die durch keinen Lebenszweck gebotene, die grundlose Störung: und zwar liegt eine objektiv grundlose Handlung vor; subjektiv ist das Motiv da, sei es nun Freude am Ärger oder Mutwille oder Schabernack, jedenfalls ist es ein vom Standpunkte der sozialen Gemeinschaft nicht zu rechtfertigendes Motiv. Weil das Publikum grundlos „tangential berührt ist", reagiert es notwendigerweise gegen den Täter.

Zu dieser Begrenzung des Begriffs führt uns auch die geschichtliche Entwicklung des § 366 Z. 11. Er greift auf dem Wege über die Preußische Verordnung vom 17. August 1835 zurück auf das „Bubengesetz" im A.L.R. II, 20 § 183, welches mit „verhältnismäßigem Gefängnis oder körperlicher Züchtigung oder Zuchthausstrafe mutwillige Buben bedroht, welche auf den Straßen oder sonst Unruhe erregen oder grobe Unsittlichkeiten verüben." An Stelle des Wortes Unsittlichkeiten ist heute der Ausdruck Unfug gesetzt, eine Änderung, die geboten war, weil der heutige Sprachgebrauch dem Worte Unsittlichkeiten stets eine geschlechtliche Beziehung gibt[3]. Hier kommt es vor allem auf die Feststellung des „Mutwillens" als Tatbestandsmerkmal an. Daß es vom Strafgesetzbuch fallen gelassen wurde, erklärt sich ohne weiteres aus der Ersetzung durch das Wort „Unfug", in dem

---

[1] Vgl. Jhering, Zweck im Recht, Bd. 1 S. 15.
[2] Vgl. über das Motiv im Recht überhaupt Friedrich a. a. O., insbesondere S. 32 ff.
[3] Vgl. hierzu Frank a. a. O. zu § 366 Z. 11.

das fragliche psychologische Moment nach dem Sprachgebrauch bereits enthalten ist.

Folgt man diesen Ausführungen, so ergibt sich, daß das nach den Bestimmungen der Gewerbeordnung erlaubte Streikpostenstehen als solches niemals unter den Tatbestand des groben Unfugs fallen kann[1].

---

[1] Bei Beendigung dieser Arbeit ersehe ich aus einer Anzeige in der Monatsschrift für Kriminalpsychologie und Strafrechtsreform, hersg. von Professor Aschaffenburg, 10. Jg. 8. H. S. 511, daß Dr. A. Lorey „Zur Lehre vom groben Unfug", Breslau 1912, den hier vertretenen Standpunkt teilt. Er kommt zu dem Ergebnis, daß unter den groben Unfug „alle, einem gewissen Mutwillen oder Frevelmute entsprechenden Handlungen oder Äußerungen fallen, welche den Betroffenen physisch oder psychisch in seiner Ruhe stören bzw. belästigen . . ."

Dritter Abschnitt.
Rechtfertigt sich ein Streikpostenverbot?

§ 7. Vorbemerkung: Die Sichtung der Argumente.

Wir haben festgestellt, daß das Streikpostenstehen einer generellen Beschränkung nicht unterworfen ist. Bezüglich der gegen diesen Zustand sich richtenden Bestrebungen der Gegner des Streikpostens ist bereits in der Einleitung darauf hingewiesen, daß es sich bei der Forderung eines Streikpostenverbots um ein rein rechtspolitisches Problem handelt. Es sind daher nur zwei Fragen einer wissenschaftlichen Erörterung zugänglich: einmal inwieweit die durch die Streikposten geübte Willensbeeinflussung rechtswidrig ist und zweitens inwieweit etwaige Auswüchse des Streikpostenstehens in einem so engen Zusammenhang mit der Institution selbst stehen, daß ein Verbot unumgänglich notwendig erscheint.

Bevor wir in die kritische Würdigung dieser allein beachtlichen Gründe im einzelnen eingehen, müssen wir, um die von beiden Seiten betriebene Agitation auf das nötige Maß zurückzudämmen, kurz die Argumente streifen, die geeignet sind, die Erörterung auf eine ganz schiefe Basis zu stellen, und die um so gefährlicher sind, als sie in gewisser Weise der öffentlichen Meinung entgegenzukommen scheinen.

Es sind vor allem von seiten der Gegner zwei Gründe: zunächst die Sozialdemokratie. Insbesondere scheint sich die Stellungnahme des Zentralverbandes der Deutschen Industriellen gegen das Streikpostenstehen wenigstens äußerlich zum großen Teil auf die Gegnerschaft zur Sozialdemokratie zu gründen. So heißt es in einem Referat, abgedruckt in den Mitteilungen Z.-V. D. I. Nr. 106 S. 27, gegenüber den Ausführungen des Abgeordneten Bassermann, daß die „positive Sozialreform in den Vordergrund geschoben werden müsse und alle scharfmacherischen Projekte in den Hintergrund treten müssen": „Diese Ausführungen des Führers der Nationalliberalen stellen fest, daß seine Partei entschieden Stellung nimmt gegen gesetzliche Maßregeln jeder Art, die ergriffen werden könnten, um dem verwerflichen zügellosen Treiben der Sozialdemokratie und ihrer Gewerkschaften ein Ziel zu stecken", und die Worte Brentanos: „Arbeiter sind es nicht, die den Schutz der Arbeitswilligen fordern" gaben dem Geschäftsführer des Z.-V. D. I. Regierungsrat Dr. Schweighoffer Veranlassung, aus ihnen den Beweis dafür zu entnehmen „wie nahe der Kathedersozialismus an die Sozialdemokratie herangerückt sei[1]. Die Gleichstellung des „Sozialdemokratischen Terrorismus" mit den Ausbreitungsbestrebungen der Gewerkschaften überhaupt kam auch bei den Debatten über den Arbeitswilligenschutz und das Streikpostenstehen im Reichstage in den Jahren 1899, 1907, 1912 und 1913 wiederholt zum Ausdruck. Wie sehr diese Art der Agitation von der Gewerkschaftsbewegung überhaupt als bedrohlich empfunden wird, beweist die scharfe Erklärung des Abgeordneten Schiffer als Vorsitzenden des Gesamtverbandes der Christlichen Gewerkschaften Deutschlands und des Zentralverbandes Christlicher Textilarbeiter Deutschlands[2]: „er wolle nicht vom Terrorismus der Sozialdemokraten reden; im Gegenteil, in allen Orten, in die die Sozialdemokratie weder politisch noch gewerkschaftlich eingedrungen sei, hätten die christlichsozial

---

[1] Z.-V. D. I. Nr. 125 (1912) S. 30. Das gleiche Argument spiegeln alle Debatten und Resolutionen des Verbandes wider; man vgl. dazu die Mitteilungen Nr. 107 S. 79, Nr. 106 S. 202, Nr. 124 S. 42.

[2] Z.-V. D. I. Nr. 106 S. 202.

gesinnten Arbeiter fürchterlich unter dem Terrorismus der Arbeitgeber zu leiden." Auch die Denkschrift des Z.-V. D. I.[1] bemerkt, daß der Grund der Zunahme von Streiks „nur dem Wunsche entspringe, das Machtgebiet der sozialdemokratischen Gewerkschaften zu erweitern". Leider ist diese einseitige Auffassung nicht nur in den Kreisen der Schwerindustrie vertreten. Maschke[2] hat wohl recht, wenn er darauf hinweist, daß „die überwiegende Beteiligung der freien Gewerkschaften an der Mehrzahl der gewerblichen Kämpfe der Auffassung Vorschub geleistet hat, daß es sich bei ihnen grundsätzlich um sozialdemokratische Vorstöße, um Mittel der politischen Agitation oder Demokratie handele, die als solche einem ungeschriebenen Ausnahmerecht auch de lege lata zu unterstellen seien[3].

Ganz allgemein ist dem gegenüber zu betonen, daß eine solche einseitige Behandlung sozialpolitischer Probleme lediglich dazu angetan ist, nicht nur der Sozialdemokratie neues und wirksames Agitationsmaterial zuzuführen, sondern auch „über den Kreis der sozialdemokratischen Genossen hinaus in den Kreisen aller deutscher Industriearbeiter und damit zusammenhängender Berufsklassen größtes Mißtrauen gegen Staat und Gesellschaft hervorzurufen"[4].

Wie verderblich aber auch solche Anschauungen auf den Verlauf eines Streiks im einzelnen Falle einwirken können, zeigt richtig Oldenberg[5] auf, indem er über den Hamburger Hafenarbeiterstreik von 1896—1897 ausführt: „Die Arbeit-

---

[1] a. a. O. S. 497.
[2] a. a. O. S. 252.
[3] Daß die gekennzeichnete Auffassung tatsächlich die Praxis der Gerichte nicht unbeeinflußt gelassen hat, zeigen die Urteile des LG. Breslau, zitiert von Maschke a. a. O. Anh. 31.
[4] Frhr. v. Berlepsch. S. Pr. Bd. 13 S. 29; man vgl. auch die Erklärung des Generalsekretärs Behrens vom Gewerkverein christlicher Bergarbeiter im Reichstage am 4. März 1907.
[5] Handwörterbuch der Staatswissenschaften Bd. 1 S. 942.

geber gossen Öl ins Feuer, indem sie auf Grund unzureichender Indizien, aber mit der intuitiven Sicherheit des mißtrauischen Menschenkenners die Diagnose auf einen planmäßigen Streich der Sozialdemokratie, womöglich der roten Internationale, stellten und daraufhin mit einer gewissen Rabies . . . den Kampf ums Unrecht proklamierten, der auch tatsächlich vorlag; Vorurteil und Machtinstinkt gingen mit der besonnenen Überlegung durch." Die gleiche Auffassung findet sich auch bei den Gewerkschaften selbst vertreten, die, wie noch zu zeigen sein wird, selber am friedlichen Verlauf des Streiks durchaus interessiert sind. So heißt es zum Beispiel in dem Berichte des Zentralverbandes der Schuhmacher Deutschlands für das Jahr 1912 auf S. 4: „Hinter jedem wirtschaftlichen Kampf vermutet man die Hydra der Revolution und eine Machtprobe der Sozialdemokratie. Dieser Kardinalirrtum ist für die wirtschaftlichen Kämpfe der Arbeiterklassen verhängnisvoll". Es ist demgegenüber zu betonen, daß Ruhe und besonnenes Urteil auf Seiten der Arbeitgeber auf den friedlichen Verlauf eines Streiks von bestimmendem Einfluß zu sein pflegen. Die psychologischen Rückwirkungen von Vorurteilen auf die Durchführung des Streiks pflegen im allgemeinen viel zu wenig beachtet zu werden. Man sollte es daher schon, um die unerwünschten Folgeerscheinungen von Streiks, Ausschreitungen und Ungesetzlichkeiten aller Art nach Möglichkeit zu verringern, unterlassen in allerdings „richtiger Berechnung auf die Unwissenheit und Furcht des Philisters"[1] die rote Gefahr als Agitationsmittel zu benutzen.

---

[1] Bezeichnend ist in dieser Beziehung die Haltung der Unternehmerverbände gegenüber den nichtsozialdemokratischen Gewerkschaften. Es ist bekannt, daß ein Teil der Unternehmer „den Christlichen und Hirsch-Dunckerschen Arbeitervereinen ebenso und sogar — weil sie hier auf die Unterstützung der bürgerlichen Gesellschaft nicht ohne weiteres rechnen können, noch feindlicher gegenüberstehen als den Freien". Dies wird bestätigt durch die Ausführungen des früheren Geschäftsführers vom Z.-V. D. I. Bueck zu den Worten des Abgeordneten Schiffer (Z.-V. D. I.

§ 7. Vorbemerkung: Die Sichtung der Argumente. 27

Ein zweites Argument und wie es fast scheinen möchte, das eigentlich ausschlaggebende unter dem Deckmantel der sozialdemokratischen Gefahr, bildet der Streik selbst mit seinen Folgeerscheinungen. Man kann sich bei den Äußerungen des Z.-V. D. I. schwer des Eindrucks erwehren, als ob in dem Verbot des Streikpostenstehens eigentlich der Streik selbst getroffen werden sollte. Es wäre sonst nicht zu verstehen, inwiefern die in der Denkschrift des Z.-V. D. I. betreffend den Schutz der Arbeitswilligen angeführte Statistik der Abwehr- und Angriffsstreiks für unsere Frage ausschlaggebend sein sollte. Es wird dort aus dieser Statistik der Schluß gezogen, daß die Arbeitnehmer in immer steigendem Maße die Rolle der Angreifer übernähmen und diese Rolle in den letzten Jahren mit bestem Gelingen durchgeführt hätten; denn während im Jahre 1907 nur 18,4% aller Streiks vollen Erfolg und 33,8% teilweisen Erfolg gehabt hätten, seien diese Prozentsätze im Jahre 1910 auf 19,8 bzw. 43% gestiegen. Darauf sei ohne Zweifel die Tatsache von maßgebendem Einfluß gewesen, daß nach dem heutigen Stande unserer Gesetzgebung der Durchführung und Ausbreitung eines Streiks Schranken kaum gezogen seien, und daß vor allem eine gesetzliche Handhabe zum Verbot des unentbehrlichsten und wichtigsten Kampfmittels beim Streik, nämlich des Streikpostenstehens, nicht gegeben sei.

Mit der Frage, inwieweit durch einen ungesetzlichen Terrorismus der Streikposten Arbeitskämpfe zugunsten der Arbeitnehmer entschieden worden sind, werden wir uns weiter unten beschäftigen. Die Ausführungen der Denkschrift laufen offenbar darauf hinaus, das Streikpostenstehen schlechthin im Hinblick auf die Erfolge der Arbeiter in Lohnkämpfen zu

---

Nr. 106 S. 303): es ergebe sich die Folgerung, daß, was hier bereits gesagt und die Ansicht weiter industrieller Kreise ist, nämlich, daß die organisierten christlich-nationalen Arbeiter trotz gegenteiliger Versicherung sich von der Sozialdemokratie nicht wesentlich unterscheiden".

bekämpfen, also eine völlig einseitige Parteinahme der Staatsgewalt zugunsten der Unternehmer zu fordern [1]. Nun pflegen die Arbeitgeber wohl auf die volkswirtschaftlich schädlichen Wirkungen der Streiks hinzuweisen, auch wohl damit zu drohen, daß bei fortdauernder Zunahme der Streikerfolge die Arbeitsfreudigkeit der Unternehmer gelähmt werden und so die deutsche Industrie allmählich zugrunde gehen würde. Wie dem auch sei: jedenfalls haben diese Argumente mit der Frage des Streikpostenverbots nichts zu tun. Es ist gewiß zu begrüßen, daß an die Stelle der sozialen Hochflut der letzten Jahrzehnte alllmählich eine nüchterne Auffassung der wirtschaftlichen Kämpfe sich Bahn bricht. Es genügt in diesem Zusammenhange auf den „Kampf zwischen Kapital und Arbeit" von Professor Ad. Weber zu verweisen. Sicher ist es an der Zeit, daß man in den Kreisen der Arbeiterschaft selbst sich der Grenzen der Gewerkschaftsbewegung immer mehr bewußt werde. Aber das kann alles nur im Wege wachsender Erkenntnis geschehen, niemals durch einseitige parteipolitische Übertreibungen und den Ruf nach Polizeigesetzen.

Auch auf seiten der Freunde des Streikpostenstehens tut es not, die von ihnen vorgebrachten Argumente zu sichten.

1. Ist es richtig, von vornherein das Streikpostenverbot als „Ausnahmegesetz" von der Hand zu weisen? Allerdings würde dieses Verbot eine bestimmte Klasse von Staatsbürgern

---

[1] Die Tendenz, im Streikpostenstehen den Streik selbst zu bekämpfen, zeigt auch der Entwurf von 1899. Ein Blick in die Begründung und die Denkschrift zu diesem Entwurf beweist, daß „nirgends so scharf wie in dem § 4 des Entwurfes, der das Streikpostenstehen verbietet, der Wille des Gesetzgebers hervortritt, Arbeitswillige nicht gegen Vergewaltigung sondern gegen Beeinflussung überhaupt zu schützen, nicht Gewalttaten bei Streiks zu bestrafen, sondern diese selbst unmöglich zu machen" (Lilienthal in der D. J.-Z. 1899 S. 425 ff.). Was demgegenüber Stenglein daselbst S. 430 ausführt, fußt letzten Grundes auch nur auf dem Gedanken, daß der Streik als „Nationales Unglück" abgeschafft oder doch beschränkt werden müsse.

§ 7. Vorbemerkung: Die Sichtung der Argumente. 29

im besonderen Maße treffen, indem sie ihr das wichtigste Mittel zur Durchführung ihrer Arbeitskämpfe raubt. Aber deshalb allein kann man noch nicht von einem Ausnahmegesetz reden. Nicht gegen die Personen, sondern gegen den Tatbestand richtet sich das Gesetz: die Bestrafung dieses Tatbestandes aber würde sich ohne weiteres dann rechtfertigen, wenn die Allgemeinheit ohne solches Schutzgesetz gefährdet wäre. Mag es im Einzelfalle hart erscheinen, daß eine besondere Gruppe durch die Auswirkung des Strafgesetzes in ihrer wirtschaftlichen Position geschädigt wird, so darf doch die Gesetzgebung nicht außer acht lassen, daß sie allein auf das Wohl der Gesamtheit Rücksicht zu nehmen hat. So gibt es denn auch in unserer Gesetzgebung zahlreiche solcher sogenannten „Ausnahmegesetze"; man vgl. z. B. die §§ 174, 265, 222 Abs. 2 StrGB. und vor allem die zahlreichen Bestimmungen der Gewerbeordnung, die sich stets gegen eine besondere Klasse von Bürgern richten. Sie alle rechtfertigen sich daraus, daß die gesonderte Behandlung dieser Gruppen im Interesse der Erhaltung des Gesamtwohles notwendig ist. Das Schlagwort vom Ausnahmegesetz sollte daher endgültig begraben werden als ein Überrest der ultrasozialen Debatten des Reichstags aus dem Jahre 1899 [1].

2. Und wie steht es mit der, insbesondere von Brentano so oft betonten „Psychologie der Arbeitswilligen", dem Hinweis, daß diese sich meist aus dem gewöhnlichsten Menschenmaterial zusammensetzten, und der damit Hand in Hand gehenden Überspannung des Solidaritätsgefühls? Es lassen sich gewiß Beispiele genug dafür anführen, daß die Arbeitswilligen sich durchaus nicht in ihrer Arbeit und Führung bewährt haben, so daß die Unternehmer später selbst sich freiwillig dazu verstanden, wieder die alten Arbeiter ein-

---

[1] Vgl. dazu Böttger im „Tag" vom 17. Januar 1913 und von Jagwitz im „Tag" vom 28. März 1913.

zustellen. Und es mag eine Reihe von Arbeitern geben, die ein Gewerbe daraus machen, Streikbrecher zu spielen. Das berechtigt aber doch noch nicht, den Arbeitswilligen den Anspruch auf Schutz gegen die unerlaubte Beeinflussung ihrer Willensfreiheit abzusprechen, auf den jeder Staatsbürger ein Anrecht hat, ganz abgesehen davon, daß in vielen Fällen es gerade sehr beachtenswerte Erwägungen sein können, die den einzelnen bewegen, sich vom Streik fernzuhalten. Und gewiß gehört dann ein großer persönlicher Mut dazu für den einzelnen, seine eigene Ansicht gegenüber dem Willen der. großen Menge durchzusetzen. Aber das Strafrecht hat es mit moralischen Erwägungen nicht zu tun. Zudem vermag das Schlagwort vom „Streikbrecher" und die sich darin kennzeichnende Überschätzung der Interessengemeinschaft schädigend zu wirken, indem sie die Streikenden verführen, den Arbeitswilligen aus dieser schiefen moralischen Verurteilung heraus in ungesetzlicher Weise zu behandeln. Darum erweist auch die sozialdemokratische Partei der Gewerkschaftsbewegung einen schlechten Dienst, wenn sie immer wieder das Gefühl für die Minderwertigkeit der Arbeitswilligen den Arbeitern einzuimpfen sucht. So hieß es aus diesen Reihen in den Reichstagsdebatten von 1899, daß „der Arbeiter, der sich vom Streik ausschließe, ein verächtlicher Lump sei, da er das höhere, sittliche und menschliche Interesse vernachlässige; einem solchen Menschen gegenüber müsse jedes Mittel des Zwanges und der Drohung und alle Schikanen erlaubt sein". Und ähnlich preist der „Vorwärts" vom 19. Februar 1908 den „terrorisierenden Arbeiter, der dasselbe an seinen rückständigen Kollegen tue, was der Staat an den unmündigen Kindern, indem er diese zwinge, in die Schule zu gehen und etwas zu lernen". Es ist psychisch nur zu erklärlich, daß solche immer von neuem eingeimpften Anschauungen sich während des Streiks in ungünstiger Weise auswirken und zu einem Konflikt mit dem Strafgesetzbuch

§ 7. Vorbemerkung: Die Sichtung der Argumente. 31

zum Schaden der Gewerkschaftsbewegung selbst führen müssen. Wir müssen daher Professor Weber beistimmen, welcher auf den Verhandlungen des Vereins der Industriellen des Regierungsbezirks Köln[1] den Satz aufstellte: „Die ehrlichen Freunde der Gewerkschaftsbewegung müssen aus Gründen der Gewerkschaftspraxis denen beitreten, die ein generelles moralisches Verurteilen der Arbeitswilligen, wie es bei einigen führenden Männern der sozialökonomischen Wissenschaft üblich ist, bekämpfen"[2].

Die vorhergehenden Ausführungen zeigen, wie sehr man es gerade in der uns beschäftigenden Frage an der Einsicht hat fehlen lassen, daß „die politische Rezeptierkunst der Wissenschaft als solcher ebenso fremd bleiben müsse, wie moralische Begeisterung und Entrüstung"[3]. Allein die

---

[1] Verhandlungen S. 4.

[2] Es ist außerordentlich bedauerlich, daß die Metallarbeiterzeitung vom 25. August 1909 mitteilen konnte, das Gewerbegericht zu Hannover habe in einem Urteil ausgeführt: „... Streikbrecher seien, wie dem Gericht bekannt sei, meistens moralisch minderwertige Menschen, die nach dem Streik wieder verschwänden und auch sonst im Leben keine glänzende Rolle spielten."

Meines Erachtens geht das Reichsgericht schon zu weit, wenn es in einem Urteil des 6. Zivilsenats, entnommen dem Allgemeinen Deutschen Gärtnerkalender von 1913 (S. 165), ausführt: „In den wirtschaftlichen Kämpfen zwischen Arbeitgebern und Arbeitern ist der Erfolg einer Partei wesentlich bedingt durch die Einigkeit und Geschlossenheit der Standesgenossen. Wer durch ein Sonderabkommen mit dem Gegner die Einigkeit zerstört, schädigt die Interessen der Standesgenossen aufs schwerste."

Wozu sozialpolitische Einseitigkeit führen kann, zeigt das Urteil eines Londoner Richters, gleichfalls dem Gärtnerkalender entnommen; es heißt dort: „Der Streikbrecher ist für seine Klasse das, was ein Verräter für sein Land ist. Er ist der letzte, der einem andern Hilfe gibt, aber der erste, der Hilfe verlangt; doch arbeitet er nie gesichert. Er nimmt nur auf sich Rücksicht. Aber er sieht meist nicht über den nächsten Tag hinaus, jedoch für Geld und würdelose Zubilligung wird er seine Freunde verraten, seine Familie, sein Land. Er ist ein Feind seiner selbst, der Gegenwart und der kommenden Gesellschaft."

[3] Weber a. a. O.

richtige Einsicht in das Wesen der Dinge unabhängig von jeweiligen persönlichen, politischen oder sozialpolitischen Anschauungen verbürgt Segen und Erfolg sozialreformerischer Bestrebungen.

Von diesem Standpunkte aus soll im folgenden das Für und Wider unseres Problems gewürdigt werden.

Erster Unterabschnitt.

Was spricht für ein generelles Streikpostenverbot?

I. § 8. Die Streikpostentätigkeit als rechtswidrige Drohung.

Beachtlich und grundlegend für die Forderung eines strafrechtlichen Verbots des Streikpostenstehens ist zunächst eine Erörterung der Frage, inwieweit das Streikpostenstehen sich als rechtswidriger Zwang oder Drohung darstelle.

Schon die Königliche Kommission in England von 1869 stellte sich in ihrem Berichte (§ 70) auf den Standpunkt, daß „im Prinzip des Postenstellens schon ein Eingriff in das Recht der Arbeitswilligen liege, über ihre eigene Arbeitskraft zu verfügen". Diese Anschauung findet sich auch heute vielfach in industriellen Kreisen. So heißt es zum Beispiel in einem Bericht des Verbandes von Arbeitgebern im bergischen Industriebezirk von 1906: „Die Beobachtungen unserer Mitglieder und die Beschwerden ihrer Arbeiter gehen übereinstimmend dahin, daß schon das bloße Streikpostenstehen hinreicht, um auch einem beherzten Arbeiter den Verkehr von und nach der Fabrik zu verleiden. Wer will sich auf jedem Gang zur Fabrik und auf dem Heimwege den Belästigungen und Gefahren aussetzen, eine Postenkette von Männern zu passieren, die ihnen feindlich gesinnt sind, deren drohende

Haltung und Mienen und deren Zurufe ihnen schon genügend ankündigen, daß ihm aus der Arbeit aus dieser Fabrik von seinen Genossen nichts Gutes erwachsen wird. Es ist nicht einmal erforderlich, daß es, wie so häufig zu versteckten Drohungen und Beleidigungen und Tätlichkeiten kommt, um diese Art des Streikpostenstehens zu einem rechtswidrigen Eingriff auf die freie Willensbestimmung der Arbeitswilligen zu stempeln". Ja, das Bewußtsein, öffentlich kontrolliert und als Verräter an der Sache der Streikenden an den Pranger gestellt zu werden, sei weit mehr geeignet, Furcht vor Unannehmlichkeiten zu erregen und damit einen Druck auf die Entschließung auszuüben, als dies etwa durch eine momentane Beschimpfung oder dergleichen geschehen könne[1]. Man kommt daher zu dem Schluß, daß in „dem Umstande, daß der einzelne auf Schritt und Tritt beobachtet werde, daß über sein Verhalten im Verbande berichtet werde, daß er hierdurch später womöglich heimlichen und öffentlichen Verleumdungen und Belästigungen ausgesetzt sei, bereits eine Bedrohung und Nötigung liege, die zu verhindern Aufgabe des Staates sein müsse"[2]. Folgerichtig wurde daher auf den Verhandlungen des Vereins der Industriellen des Regierungsbezirks Köln das Streikpostenstehen als eine „Bedrohung mit Vermögensbeschädigung" charakterisiert, da „hierdurch, d. h. durch die Furcht vor der Rache der Streikenden, die Arbeitswilligen bewogen werden sollten, eine ihnen erwerbbringende Handlung, nämlich die Arbeitsleistung in der bestreikten Fabrik, zu unterlassen, die sie dort auszuüben willens seien".

Diese Beispiele mögen genügen, um den Kernpunkt der Angriffe bloßzulegen, der darin gipfelt, daß „die bloße Anwesenheit der Streikposten zur gewollten Einschüchterung

---

[1] Mitteilungen d. Kgl. Bayr. Justizministeriums in der Denkschrift zum Entwurf von 1899 (Drucksachen d. Reichstags Nr. 346 S. 2274).

[2] Kölnische Zeitung von 7. April 1912.

genüge[1], da in ihnen gewissermaßen der moralische Zwang sich verkörpere.

Es ist oben bereits vor einer Überspannung des Solidaritätsgefühls gewarnt worden. Gegenüber der oft vertretenen Anschauung, daß, wer sich hinwegsetze über die Interessen seiner Berufsgenossen, damit von vornherein sich schuldhaft ins Unrecht versetzt habe und daher des Anspruchs auf Rechtsschutz verlustig gegangen sei, ist nochmals ausdrücklich zu betonen, daß es die Pflicht einer gerechten staatlichen Ordnung ist, jeden Staatsbürger in seiner Handlungsfreiheit zu schützen. Insbesondere ist die Freiheit des einzelnen zur Verwertung seiner Arbeitskräfte vor jeder Art von rechtswidrigem Zwange auch gegen den Willen der Majorität seiner Berufsgenossen mit Nachdruck in Schutz zu nehmen, aber man muß sich, wie die Denkschrift des Hansabundes[2] mit Recht betont, „der Grenze zwischen rechtswidrigem Zwang und einer zwar lästig wirkenden, aber rechtlich nicht zu beanstandenden Betätigung der persönlichen Freiheit dauernd bewußt bleiben". Die Geschichte des Wirtschaftslebens zeigt zu allen Zeiten, daß die einzelnen sich zu machtvoller Einheit zusammenschließen. Diese Einheit und die dadurch geschaffene Macht ist ein Faktor, mit der jede Rechtsordnung rechnen muß. Mit ihr aber auch der einzelne. Wer sich entschließt, außerhalb der Organisation zu bleiben, verzichtet nicht nur auf ihre Vorteile, sondern muß auch ihre Nachteile notwendigerweise mit in den Kauf nehmen. Die mannigfachen Verzweigungen des wirtschaftlichen Lebens haben es mit sich gebracht, daß fast niemand, jedenfalls keiner, der selbst im Wirtschaftsleben steht, unabhängig ist. Die Abhängigkeit besteht in der Gesamtheit, sie besteht stärker innerhalb des Kreises der Standesgenossen und sie wird am stärksten, wenn

---

[1] „Auf revolutionären Pfaden", von einem Richter in der Post vom 11. April 1912.

[2] a. a. O. S. 1.

die Angehörigen einer Berufsklasse sich zusammenschließen. Der dadurch unvermeidliche Organisationszwang ist in allen Schichten der gleiche: bei den Unternehmern tritt er am stärksten hervor im Kartellzwang, von dem Schmoller behauptet[1] hat, daß „er genau so groß sei wie der Gewerkschaftszwang". Er tritt nur, wie es an der ganzen Sachlage natürlich ist, in einer „eleganteren Form"[2] auf, wo er überhaupt nach außen hin sichtbar wird. Oft bleibt er gänzlich verborgen. An der Tatsache seiner Existenz aber können auch die gegenteiligen Behauptungen der Gegner nichts ändern. Merkwürdig wirkt es, wenn von industrieller Seite zum Beispiel ausgeführt wird[3]: es sei völlig ungerechtfertigt, den Zwang der Gewerkschaft zu vergleichen mit der Materialsperre der Bauunternehmer, die sich der durch den schließlich unerträglich gewordenen Zwang der Gewerkschaften hervorgerufenen Vereinigung ihrer Kollegen nicht hätten anschließen wollen. Denn hierdurch werde kein unberechtigter Einfluß auf die Persönlichkeit, sondern nur ein geschäftlichen Erwägungen entsprechender auf eine Sache ausgeübt. Mit derartigen Redensarten läßt sich auch der stärkste Terrorismus scheinbar rechtfertigen.

Es ergibt sich aus den obigen Erörterungen, daß „die freie Willensentschließung, besser die Handlungsfreiheit, nur in den Grenzen gewährleistet werden kann, in denen solche Freiheit nach den natürlichen Gesetzen des sozialen Verkehrs gegeben und möglich ist"[4]. Es läßt sich daher bei Streikposten weder vom rechtswidrigen Zwang noch von einer rechtswidrigen Drohung reden. Der Arbeitswillige mußte ohnehin mit den Folgen seiner Entschließung rechnen. Der Streik-

---

[1] Schr. d. V. f. S.-P. Bd. 76 S. 116.
[2] Lilienthal, D. J.-Z. 1899 S. 428; vgl. auch Herz, in der Hilfe 1912 S. 779 und 794.
[3] Die „Post" vom 29. März 1910.
[4] Vgl. Maschke a. a. O. S. 18.

posten kündigt ihm lediglich ein Übel an, was er normalerweise längst voraussehen konnte. „Die Ankündigung von Übeln aber, die für eine konkrete Entschließung nach der Sachlage und der Verkehrsanschauung normalerweise bestimmend sind und sein sollen, kann nie rechtswidrige Nötigung sein." Man könnte einwenden, daß bei dieser Beurteilung die spezifische Aufgabe der Streikposten übersehen werde, wonach diese gerade durch das Feststellen der arbeitswilligen Personen den späteren Verruf selbst erst ermöglichten. Dem ist entgegen zu halten, daß man allerdings in der Praxis der Gerichte, worauf vor allem Löwenfeld[1] hinweist, leicht geneigt ist, Verrufserklärung und Sperre zu indentifizieren. Wäre das richtig, d. h. also, würde schon die Sperre der Tätigkeit der Arbeiter schlechthin Verrufserklärung bedeuten, so würde das Streikpostenstehen „Verrufserklärung in dem Augenblicke sein, wo es den beabsichtigten Erfolg der Fernhaltung von der Arbeit ermöglicht". Diese Konsequenz hat aber selbst die Gerichtspraxis heute nicht gezogen, und es wird sie auch niemand ziehen wollen. Das Streikpostenstehen ist keine verkörperte Verrufserklärung, sondern lediglich Hilfsmittel zur Durchführung des Verrufs. Wenn man nun auch die Verrufserklärung für strafbar erklären kann, so wird man doch den durch Abbruch oder nicht Anknüpfung geschäftlicher oder persönlicher Beziehung tatsächlich ausgeübten Boykott nicht als strafbar ansehen können; denn es muß „dem einzelnen die unbeschränkte Freiheit gewahrt bleiben, geschäftliche oder gar persönliche Beziehungen mit anderen, gleichviel aus welchen Gründen, zu pflegen oder zu meiden[2]. Ist nun der Boykott selbst kein strafwürdiges Delikt, soweit er natürlich mit gesetzlichen Mitteln gehandhabt wird, so kann auch das Streikpostenstehen aus diesem Gesichtspunkte nicht strafbar sein.

[1] a. a. O. S. 513.
[2] Denkschrift des Hansabundes S. 4.

Man hat nun wohl zugegeben, daß das Streikpostenstehen selbst zwar nicht als rechtswidrig angesehen werden könne, jedoch geltend gemacht, daß diese an sich zulässige Agitation jedenfalls nicht auf den den gemeinen Gebrauch dienenden Verkehrsanlagen geduldet werden könne. Diesen Standpunkt vertrat insbesondere die Denkschrift des Entwurfs von 1899. Mit dem gleichen Recht könnte man fordern, daß Telephon und Telegraph für die Agitation der Unternehmer gesperrt würden. Wenn wirklich im Einzelfall Verkehrsbehinderungen durch die Streikposten eintreten, so gibt es dafür straßenpolizeiliche Vorschriften. Wieso daher der obige Satz sich begründen lassen sollte, das ist für denjenigen jedenfalls unerfindlich, der nicht den Arbeitskampf selbst für einen an sich gesetzwidrigen Vorgang erachtet[1].

§ 9. Gewerkschaften und Ausschreitungen.

Der zweite mit besonderer Heftigkeit vorgetragene Angriffspunkt gegen die Streikposten bietet sich den Gegnern durch die Streikexzesse. Wie schon die Begründung des Entwurfs von 1899 sich vorwiegend auf die Zunahme der Streikausschreitungen stützte, so behauptet auch heute noch die Mehrzahl der Gegner, daß das Streikpostenstehen mit den sicher bedauerlichen Ausschreitungen in engstem und notwendigem Zusammenhang stehe.

Diese weitverbreitete Anschauung gründet sich auf ein völlig falsches Bild, das man sich von der Stellung der Gewerkschaften und ihrer Organe zu den Ausschreitungen macht. Schon im Jahresbericht des Altonaer Kommerzkollegiums von 1897 heißt es, daß die Streikexzesse „offenbar planmäßig" von den Organisationen der Arbeiter begangen würden. Auch die Begründung zum Entwurf von 1899 führt die meisten Ungesetzlichkeiten bei Streiks auf die Leiter der Koalitionen

---

[1] Vgl. auch Lilienthal, in der D. J.-Z 1899 S. 425.

zurück. Und ganz besonders kommt diese Ansicht in einer Rede des Geschäftsführers Bueck vom Z.-V. D. I. zum Ausdruck, in der er ausführte, daß es sich stets herausstelle, daß bei allen großen Streiks es die sozialdemokratischen Agitatoren seien, die die Unzufriedenheit von außen her in eine bis dahin ruhige und friedliche Arbeiterschaft hineintrügen. „Sie hetzen an, sie sind die Ursache, daß heute größere Ausschreitungen vorkommen, bei denen sie sich natürlich aus sehr naheliegenden Gründen klug im Hintergrunde halten . . . Diese Leute sind es, die von den Streiks leben; denn als Organisatoren, als Vertreter der Arbeiter, als Vertrauensmänner werden sie aus der Streikkasse bezahlt. Sie haben daher ein Interesse daran, daß die Streiks mit äußerster Erbitterung geführt werden; denn dann dauern sie am längsten"[1].

Nichts ist falscher, als diese Ansicht. Gewiß hat es in der Gewerkschaftsbewegung nicht an Zeiten gefehlt, wo man glaubte, durch Terrorismus während des Streiks den Willen der Außenstehenden beugen zu können. Das waren Kinderkrankheiten der Gewerkschaftsbewegung. Schon 1870 erklärte ein Mitglied der Königlichen Kommission, die vom englischen Parlament dazu eingesetzt war, „jeden einzelnen Fall von Einschüchterungen oder Ausschreitungen oder Unrecht, der von Gewerkvereinen angestiftet, ermutigt oder gebilligt worden sein sollte, zu untersuchen": „Die gegen die Gewerkvereine vorgebrachten Anklagen haben sich in der Hauptsache bei der Untersuchung als unrichtig erwiesen. Im großen und ganzen sind die Vereine fleckenlos aus der Prüfung hervorgegangen." Infolge dieses Ergebnisses wurden auch Ausnahmegesetze von der Kommission nicht beantragt[2]. Das gleiche läßt sich heute von den deutschen Gewerkschaften sagen. In dem Maße, als der Streik selbst sein Gesicht ver-

---
[1] Z.-V. D. I. Nr. 84 (1899) S. 22.
[2] Hugo a. a. O. S. 104.

§ 9. Gewerkschaften und Ausschreitungen.

änderte, änderte sich auch die äußere Taktik der Gewerkschaften. An die Stelle der durch persönliche Leidenschaften entfachten Augenblicksausstände ist ein „umfassendes, ausgeklügeltes System von Grundsätzen" getreten, bei dem die Gefühlswallung immer mehr in den Hintergrund trat und der verstandesmäßigen Überlegung Platz machte[1]. Insbesondere mußte sehr bald eine einfache Überlegung den Gewerkschaften sagen, daß es in ihrem eigensten Interesse liege, die Normen des Strafgesetzbuchs auf das strengste zu beachten. Gerade die Fülle von Ausschreitungen bei einzelnen Streiks ist es gewesen, die in vielen Fällen die öffentliche Meinung gegen die Streikenden Partei nehmen ließ. Nun hat aber die Geschichte der Arbeitskämpfe mit aller Deutlichkeit gezeigt, daß die öffentliche Meinung für den Erfolg eines Streiks von ausschlaggebender Bedeutung sein kann. Dieser Erkenntnis haben sich dann auch die Leiter der Gewerkschaftsorganisationen nicht verschlossen. So lesen wir in der christlichen Textilarbeiterzeitung vom 27. Mai 1911: „Nun zeigt sich auf Schritt und Tritt, daß die Arbeiterbewegung zur Erreichung ihrer direkten und indirekten, individuellen und sozialpolitischen Ziele die Mithilfe anderer Bevölkerungskreise braucht. Die Arbeiterschaft bildet nun einmal nicht die Volksmehrheit und kann aus diesem Grunde schon nicht alles aus sich heraus. Wir sehen ja, daß die sozialistische Gewerkschaftsbewegung in vielen Fällen der Gunst der öffentlichen Meinung bedarf und sie auch, der Theorie entgegen, weidlich ausnutzt, gerade bei Streiks und Aussperrungen. In solchen Fällen appellieren auch die ‚Todfeinde der bürgerlichen Gesellschaft' an die Einsicht und

---

[1] „Die wilden Streiks jener Zeit hatten der Arbeiterschaft nachhaltige Verbesserungen nicht gebracht; wohl aber eine erhebliche Schädigung ihrer Arbeitskraft. Die zahlreichen wilden, meist im Sande verlaufenen Streiks, hatten den Streik als Kampfmittel nahezu wirkungslos gemacht." („Der Textilarbeiter" vom 21. Juli 1911.)

Mithilfe nicht sozialistischer Kreise". Und eine Bestätigung dieser Ausführungen bietet sich im Korrespondenzblatt der Generalkommission von 1907 Nr. 18, wo es heißt: „Es wird unsere Aufgabe sein, bei unserem Kampf streng darauf zu achten, daß die öffentliche Meinung sich rückhaltlos auf die Seite der Arbeiter stellt und den Unternehmern das Aussperrungsspiel verdirbt". Und in dem gleichen Sinne heißt es im Jahr- und Handbuch des Metallarbeiterverbandes für das Jahr 1911 (S. 3 und 4): „Das beste Mittel hierfür (d. h. für die Verteidigung der Koalitionsfreiheit) ist die weitere Stärkung der Organisation sowie die Aufklärung der Arbeiter und ihre gewerkschaftliche Schulung. Nur Unkenntnis, verursacht durch mangelhafte Volksschulbildung und Vernachlässigung der gewerkschaftlichen Schulung und Disziplinierung der Arbeiter, kann zu der Auffassung führen, daß durch gewalttätige Handlungen oder Beleidigungen der Arbeitswilligen die Streikaussichten gebessert werden können[1]. Erfahrungsgemäß kommen dort, wo die Arbeiter gewerkschaftlich geschult und aufgeklärt sind, Streikexzesse gar nicht vor"[2]. Wir sehen also, daß die Gewerkschaften den Ausschreitungen nicht nur nicht völlig fern stehen, sondern im Gegenteil sie in ihrem eigensten Interesse, insbesondere der öffentlichen Meinung wegen zu bekämpfen suchen. Die Tendenz der Ge-

---

[1] Ebenso das Korrespondenzblatt der Generalkommission der Gewerkschaften Deutschlands, 23. Jahrg. Nr. 49: „Wir sind die letzten, die Ausschreitungen bei Streiks billigen; die Gewerkschaften haben kein Interesse an Streikexzessen, wohl aber an der Sicherung des friedlichen Streikpostendienstes."

[2] Besonders charakteristisch heißt es auch in einem Artikel des „Textilarbeiters" vom 10. November 1911 anläßlich eines Falles angeblich unberechtigter Fortweisung von Streikposten: „Übrigens hat man ja auch den R. fortgewiesen, der doch als Leiter der Organisation, die den Streik führt, wohl über den Verdacht erhaben steht, er hätte die Ordnung stören wollen; denn damit hätte er ja die Sache der Streikenden nicht gefördert; das war aber doch, als er auf dem Schauplatz erschien, nur seine Absicht".

werkschaftspraxis geht dahin, den Streik „mit den Händen in den Taschen hinter dem Ofen" auszufechten[1].

Solange dieses Ziel nicht erreicht ist, sind die Leiter der Streikbewegung von den Verbänden dazu angehalten, nach Möglichkeit durch entsprechende Hinweise in den Versammlungen, durch Anschläge in den Streikbureaus und durch Pressenotizen die Arbeiterschaft vor ungesetzlichem Verhalten zu warnen. So heißt es zum Beispiel in dem Handbuch für Verbandsfunktionäre[2]: „Die Streikleitung hat darauf zu achten, daß, nachdem die Arbeitseinstellung überall in Ruhe und Ordnung erfolgt ist, die Streikenden auch für die weitere Folge eine ruhige und würdige Haltung bewahren, und zwar nicht nur wegen des wachsamen Auges der Polizeiorgane, sondern noch mehr um der Sympathie des Publikums und der öffentlichen Meinung willen. Um Anklagen und Bestrafungen zu verhüten, sind die Streikenden auf den § 153 GO. und dessen weitgehende Anwendung aufmerksam zu machen. ... Den Streikenden ist zur Pflicht zu machen, jeden unnötigen Aufenthalt in Wirtshäusern, auf Straßen und Plätzen zu unterlassen und sowohl den Polizeiorganen als auch den Unternehmern möglichst aus dem Wege zu gehen. Das Richtigste ist, wenn die Streikenden, welche nicht zum Postenstehen und zu anderen Diensten gebraucht werden, nach dem Appell sich wieder in ihre Wohnung begeben und alle Maßnahmen im Interesse des Streiks ruhig der gewählten Streikleitung überlassen". Das ausschlaggebende Moment der öffentlichen Meinung zeigt sich auch hier, wenn es in dem Leitfaden des Zentralverbandes der Steinarbeiter Deutschlands heißt, daß die Streikenden „der Einwohnerschaft keinen Anlaß zu übler Nachrede geben sollen". Daß es den Verbänden mit diesen Warnungen ernst ist, beweist der im Sperr-

---

[1] Otto Hue, in seiner Schrift „Mehr Bergarbeiterschutz".

[2] Hrsg. vom Verbandsvorstand des Deutschen Holzarbeiterverbandes, Stuttgart 1908. Selbstverlag des Verbandes. S. 181 ff.

druck hervorgehoben Zusatz in dem genannten Leitfaden: „Stellt sich bei Prüfung der Angelegenheit heraus, daß das Mitglied trotz der Verwarnung die Anklage provoziert hat, dann kommt der Verband für Rechtsschutz nicht auf". Vor allem sollen die Leiter auch darauf achten, daß in den Versammlungen alles vermieden werde, was aufreizend oder erbitternd wirken könnte, in der richtigen psychologischen Erkenntnis, wie gefährlich solche Stimmungen für den äußeren Verlauf des Streiks werden können. So darf nach den Anweisungen für die Ortsverwaltungen des Christlichen Holzarbeiterverbandes[1], „in Versammlungen, die während eines Streiks stattfinden, durch unkluge Reden die Situation nicht verschärft werden. Sämtliche Redner müssen sich befleißigen, ruhig und objektiv, aber auch mit der nötigen Festigkeit ihre Ansicht darzulegen, damit den Arbeitgebern keine Waffen geliefert werden und die öffentliche Meinung für die Arbeiter gewonnen wird. Was für Versammlungen gilt, gilt auch für Abfassen von Flugblättern und für Mitteilungen an die Presse. Sie müssen streng sachlich und wahrheitsgetreu abgefaßt sein". Auch nach dem Verhaltungsreglement des Deutschen Metallarbeiterverbandes[2] sollen „die Leiter der Versammlung unter allen Umständen dafür sorgen, daß sich die Erörterungen in geordneten Bahnen bewegen, und alles aufbieten, um die Entscheidungen nicht künstlich, sondern natürlich aus der Stimmung jedes einzelnen Mitgliedes heraus zustande kommen zu lassen". Denn „derjenige Teilnehmer einer Versammlung, der zu besonnenem Vorgehen rät, nützt seinen Nebenarbeitern und dem Verbande mehr als ein Heißsporn".

Dies mag genügen, um zu zeigen, daß es sich gerade umgekehrt verhält, als die Gegner der Gewerkschaftsbewegung und des Streikpostenstehens es glauben machen wollen:

---

[1] Hrsg. Köln 1913 S. 57: vgl. auch „Praktische Winke für die Deutsche Zimmererbewegung", Hamburg 1912 S. 117.

[2] Hrsgb. Köln 1910.

„Gerade da, wo straffe Organisation die Leitung oder Führung übernommen hat, wird die Zahl der Verbrecher nur eine geringe sein"[1]. Die Disziplinierung der Arbeitermassen durch die Gewerkschaften, die als erste Vorbedingung für einen glücklichen Verlauf des Streiks „Ruhe und Besonnenheit, kraftvolles, aber besonnenes Auftreten"[2] fordern, ist daher die beste Stütze im Kampf gegen die Streikausschreitungen; nur „sozial tiefer stehende Arbeiter, die der ausreichenden gewerkschaftlichen Grundlage entbehren, werden leicht dazu verleitet werden, die Mängel ihrer beruflichen Organisation durch einen gewissen Terrorismus zu ersetzen"[3]. Den hier vertretenen Standpunkt hat auch die Denkschrift zu dem Entwurf von 1899 indirekt anerkannt, indem sie von Dortmund, „wo die Organisation am weitesten fortgeschritten sei", berichtet, daß „bei allen Teilausständen der Jahre 1895, 1896 und 1897 auf Bahnhöfen und an den Arbeitsstätten Posten wirksam aufgestellt gewesen seien, daß man aber nur in den seltensten Fällen habe einschreiten können, da man wohlweislich von der Anwendung terroristischer oder sonstiger durch das Strafgesetz verbotener Mittel regelmäßig abgesehen habe"[4].

§ 10. Der Streikposten als „Terrorist".

Betrachtet man so die Stellung der Gewerkschaften zu den Ausschreitungen, so wird man einsehen, daß es nicht richtig sein kann, wenn behauptet wird, daß die Aufgabe der Streikposten einfach „in einer Einschüchterung der Arbeitswilligen durch rechtswidrige Mittel bestehe", daß also der Streikposten gewissermaßen der geborene Rowdy und

---

[1] Aschaffenburg a. a. O. S. 104.

[2] Jahresbericht des Verbandes der Gemeinde- und Staatsarbeiter für 1911 S. 74.

[3] Herkner, in der Schr. d. V. f. S.-P. Bd. 76 S. 328.

[4] Es wirkt beinahe humoristisch, wie hier die Enthaltung von Streikausschreitungen geradezu bedauert wird, weil es an einem Anlaß zur Entfernung der Streikposten fehlte.

Skandalmacher sei[1]. Wenn die Gewerkschaften durchaus ein Interesse daran haben, schon um der öffentlichen Meinung willen Streikausschreitungen nach Möglichkeit zu verhindern, so liegt es nahe, daß sie die Streikposten als ihre Organe dazu benutzen werden, in diesem Sinne tätig zu sein, jedenfalls aber den Streikposten selbst auf das schärfste einprägen werden, sich jeder Ungesetzlichkeit zu enthalten. Wird doch gerade hier die öffentliche Meinung in ihrem Urteil ganz besonders scharf sein, weil sie die Gewerkschaften für die Streikposten als ihre Organe unmittelbar verantwortlich machen kann. Es kommt aber noch ein zweiter Gesichtspunkt in Frage: Erfahrungsgemäß hat jeder Exzeß von Streikposten sofort ein Eingreifen der Staatsgewalt zur Folge[2]. Es fehlt nicht an gesetzlichen Bestimmungen, wie wir noch sehen werden, die der Polizei genügend Handhabe geben, um bei den geringsten Störungen der öffentlichen Sicherheit oder Ordnung das Streikpostenstehen zu verbieten. Die Gewerkschaften wissen zudem auch selber ganz genau, daß durch das Streikpostenstehen allein schon der nötige Druck auf die Arbeitswilligen ausgeübt wird: „Ein bedeutungsvolles Schweigen tut . . . auch seine Wirkung und schützt den Kollegen vor Gefängnis und Geldstrafen und den Verband vor unnötigen Rechtsschutzkosten"[3]. Aus allen diesen Gründen sind die Bezirksleiter von den Verbänden angewiesen, den Posten einzeln die gewissenhafte Erfüllung der übertragenen Aufgaben zur Pflicht zu machen, indem sie sie verwarnen, sich zu Ungesetzlichkeiten, zu Drohungen und Gewalttätigkeiten gegen Streikbrecher hinreißen zu lassen. „Alle angeredeten Personen

---

[1] Vgl. Z.-V. D. I. Nr. 84 S. 30 und „Der Arbeitgeber" vom 15. Juni 1912.

[2] „Die Störung der Ordnung und Ruhe ist dem Arbeitgeber eine willkommene Gelegenheit, Polizei und Behörden gegen die Streikenden mobil zu machen. Diese Freude darf den Gegnern nicht gemacht werden." (Handbuch der christlichen Gewerkschaften S. 98.)

[3] Handbuch der Verbandsfunktionäre S. 182.

dürfen nicht belästigt und nicht in gereizter Weise behandelt werden". Überhaupt sollen die Posten ihre Aufgabe „mit Ruhe und Anstand" erledigen. Sie haben auffälliges und verbotenes Stillstehen zu vermeiden und keine Ansammlung von neugierigen Kollegen bei sich zu dulden, denn „längerer Aufenthalt auf ein und demselben Platz, regelmäßiges Patrouillieren auf dem Trottoir vor einem Fabriktor usw. können als Belästigung und Beunruhigung des Publikums angesehen und bestraft werden"[1]. Da nach der Ansicht der Gewerkschaftsleiter „von der Geschicklichkeit des Streikposten mehr abhängt, als gewöhnlich angenommen wird"[2], soll auch keineswegs jeder Streikende zum Postendienste verwendet werden. Die Bezirksleiter sollen vielmehr bei der Auswahl der Posten äußerst vorsichtig sein und nur erfahrene, ruhige und besonnene Personen dazu auswählen, selbst „auf die Gefahr hin, daß deren Streikunterstützung auf Kosten des Lokalfonds erhöht werden muß". Sehr viele Verbände machen es auch dem Streikposten zur Pflicht ihren Dienst in Sonntagskleidung zu tun, einmal weil dadurch ein gutes Mittel zur Selbstdisziplin gegeben ist und dann auch mit Rücksicht auf die Arbeitswilligen; denn die Gewerkschaften haben eingesehen, daß dem modernen Arbeiter auf andere Weise begegnet werden muß, als es früher möglich war. Auch weiß man, daß auf den, der einmal entschlossen ist, sich der Majorität nicht zu beugen, unbesonnenes oder gar ungehobeltes Auftreten jedenfalls keinen Einfluß macht; wenn überhaupt etwas zu erreichen ist, wird es nur durch Güte zu erreichen sein[3].

---

[1] Verhaltungsreglement des Deutschen Metallarbeiterverbandes; vgl. auch Handbuch der christlichen Gewerkschaften S. 97.

[2] Praktische Winke für die deutsche Zimmererbewegung S. 119.

[3] „Es sind die betreffenden Arbeitswilligen in schonendster Weise zu überreden, daß sie die Arbeit in der betreffenden Fabrik nicht aufnehmen ... Man wird nämlich in den seltensten Fällen durch Drohung oder Gewalt das erreichen, was man in Güte nicht hat erreichen können" (Streikreglement des Metallarbeiterverbandes); vgl. Legien a. a. O. S. 153.

Insbesondere aber wird man bei allen denen Arbeitswilligen, die über die Streiklage noch nicht aufgeklärt sind, jedenfalls am meisten Erfolge haben, wenn man ihnen im Wege des freundlichen und kollegialen Zuredens begegnet. Es ist auch die Erfahrung gemacht worden, daß Streikposten in Arbeitskleidung der Aufenthalt auf den Bahnhöfen verboten worden ist, dagegen denen im Straßenanzug Schwierigkeiten nicht gemacht wurden. Es hat aus all diesen Gründen denn auch der Gewerkschaftssekretär Schmidt-Bochum in seinem Referat über die äußere Taktik der Gewerkschaften[1] mit Nachdruck darauf hingewiesen, wie wichtig es sei, auf das „Äußere der Streikposten Gewicht zu legen". „Die Streikposten", so führt er aus, „können wir ruhig als Sicherheitsbedienstete der Lohnbewegungen betrachten, da ihre Aufgabe doch darin besteht, die Arbeitsplätze von sogenannten Arbeitswilligen rein zu halten. Also ein Sicherheitsdienst, ein Polizeidienst. Vergegenwärtigen wir uns nun, daß es einem Kriminalbeamten auch leichter ist, Verbrecher abzufangen und zu entlarven, wie dem uniformierten Beamten, so muß jedem einleuchten, daß es dem an seinem Äußern nicht sofort kenntlichen Posten ebenfalls leichter ist, die Streikbrecher abzufangen, wie zum Beispiel beim Maurerstreik, Kollegen in weißen Hosen".

Damit dürfte erwiesen sein, daß von seiten der Gewerkschaften alles getan wird, um die Streikposten selbst vor Ausschreitungen zu bewahren[2]. Andernfalls würden sie eben zu ihrem eigenen Schaden die größten Gefahren für den Streikpostendienst heraufbeschwören.

---

[1] Protokolle der 3. Generalversammlung der christlichen Bauarbeiter in Braunschweig vom 24.—27. April 1905.

[2] Außerordentlich wichtig ist auch, daß jeder Alkoholausschank im Streikbureau verboten ist. Jedoch wird es den Streikposten noch besonders zur Pflicht gemacht, sich des Alkoholgenusses auch außerhalb des Streikbureaus zu enthalten (Handbuch der christlichen Gewerkschaften S. 97).

§ 11. Der Streikposten und die Gefahr der Ausschreitungen.

Demgegenüber behauptet man, daß, wenn es auch durchaus im Sinne der Gewerkschaftspraxis liege, den Streik in seinem äußeren Verlauf friedlich zu gestalten, doch tatsächlich alle angeführten Mittel nicht genügten, um die Streikposten selber von Ausschreitnngen fernzuhalten. Denn „es sei menschlich allzu erklärlich, daß dieser Streikposten durch den steten Anblick der Arbeitswilligen und ihres polizeilichen Schutzes sich eine steigende Erbitterung bemächtige, die trotz aller Warnungen seitens der Gewerkschaften immer wieder zu Ausschreitungen der Streikposten führten [1]. Aber selbst wenn das nicht der Fall sei, so berge doch das Streikpostenstehen die Gefahr von Ausschreitungen seitens der übrigen Streikenden notwendig in sich. Das Streikpostenstehen biete „den schlimmen Bestandteilen des Volkes, dem Janhagel, willkommene Gelegenheit zur Veranstaltung von Unruhe, zu Aufläufen und Ausschreitungen und verleite namentlich auch die Familienangehörigen der Streikenden, besonders deren Frauen, in ihrer Erregbarkeit über die wirtschaftlichen Nachteile des Feierns ihrer Männer zu Beschimpfungen und sonstigen Beleidigungen der Arbeitswilligen", so daß also „die Streikposten gewissermaßen das Skelett für Volksaufläufe und für die damit verknüpften Ausschreitungen bildeten [2]. In ähnlicher Weise hat sich L. Bernhard dahin ausgesprochen, daß die Streikposten, sei es durch eigene Ungesetzlichkeiten oder durch die eben gekennzeichnete Gefahr für die Ausschreitungen anderer, die Rechtssicherheit gefährden und schuld daran seien, daß nach dem Schutzmann

---

[1] Deutsche volkswirtschaftliche Korrespondenz vom 30. Sept. 1910. „Was die Moabiter Revolte den Gesetzgeber lehren kann".

[2] Verhandlungen a. a. O. S. 25. P. Steller a. a. S. 9.

gerufen werden müsse und daß ihr Verbot daher ein großer Fortschritt wäre [1].

Beide Einwendungen gründen sich auf die Gefährlichkeit des Streikpostenstehens und wollen auf Grund dieser Gefährlichkeit ein Verbot des Streikpostenstehens selber rechtfertigen. Meines Erachtens macht sich Löwenfeld [2] die Widerlegung etwas leicht, indem er ausführt: „Wenn man dieser Gefahr halber das Postenstehen, als sei es selbst Ausschreitung, unter schwere Strafen stellen will, während es für jedermann erlaubte Handlung ist, so ist das gerade so logisch, als wenn man die planmäßige Überwachung, welche seitens der Polizei auf öffentlichen Wegen geübt wird, abschaffen wollte, weil es nicht selten vorkommt, daß von Organen der Polizei schwere Ausschreitungen begangen werden". Mag es auch im allgemeinen richtig sein, daß vom Standpunkt der Wissenschaft Verwahrung dagegen einzulegen sei, daß die Möglichkeit des Mißbrauchs als Argument gegen die Institution als solche ins Feld geführt werden könne (Erdberg), so erscheint es doch vom Standpunkte der Rechtspolitik berechtigt, eine Institution dann zu verbieten, wenn mit ihr Mißbräuche in weitem Umfange **notwendigerweise** verbunden sind, die auf andere Weise nicht beseitigt werden können.

Schon die erstere Voraussetzung, die des notwendigen Zusammenhanges muß verneint werden. Man mag über die Zunahme der Vergehen gegen § 153 GO. denken wie man will [3], jedenfalls fehlt es an jedem statistischen Nachweis, daß bei allen Streiks von den Streikposten Streikexzesse verübt seien, geschweige denn, daß diese Fälle im Zunehmen begriffen seien. Im Gegenteil, wie „der Arbeiter lernt, sich von Jahr zu Jahr mehr in den gesetzlichen Grenzen zu halten,

---

[1] „Der Arbeitgeber" vom 15. Juli 1912 (Nr. 12).
[2] a. a. O. S. 561.
[3] Vgl. gegenüber der Statistik des Entwurfs von 1899 Löwenfeld a. a. O. S. 548; ferner S. Pr. Bd. 9 S. 107.

§ 11. Der Streikposten und die Gefahr der Ausschreitungen.

entsprechend der ganzen Tendenz, die der Gewerkschaftsorganisation innnewohnt"[1], so gilt dies in erhöhtem Maße vom Streikposten. Die Fälle, die die Begründung zum Entwurf von 1899 anführt, sind, wie die Berichte von Fabrik- und Gewerbeinspektoren ergeben, durchaus zu den Ausnahmefällen zu rechnen. Um sie für unsere Frage richtig bewerten zu können, müßte auf die einzelnen Fälle und ihre Ursachen, insbesondere auf das Verhalten der Unternehmer und der Arbeitswilligen selbst, ferner auch das Verhalten der Polizei und andere Momente eingegangen werden. Auch das von seiten des Verbandes Deutscher Industrieller in der Denkschrift[2] beigebrachte Material ist völlig belanglos. Daß von seiten der Streikposten „nicht nur in zahlreichen Fällen die Arbeitswilligen mit Revolvern und Messern bedroht und bis in ihre Wohnung verfolgt, sondern auch direkt überfallen und bis zur Arbeitsunfähigkeit mißhandelt worden sind", mag zugegeben werden, daß solche Fälle notwendig mit dem Streikpostenstehen verknüpft seien, will auch die Denkschrift nicht behaupten. Im übrigen ist es dem Verbande nur gelungen, auf Grund einer Anfrage bei 274 Industriellen und Arbeitgeberverbänden, Handelskammern und Berufsgenossenschaften festzustellen, daß in den Jahren „1904—1911 in 120 bestreikten Betrieben durch Streikposten die Arbeitswilligen in der rigorosesten Weise terrorisiert und in ihrer freien Willensbestimmung behindert worden sind". Es darf aber füglich bezweifelt werden, ob sämtliche Täter wirklich von den Gewerkschaften autorisierte Streikposten gewesen sind. Ein Beweis dafür fehlt jedenfalls. Auch die Aufstellungen, die der Verein für bergbauliche Interessen im Oberbergamtsbezirk Dortmund auf Grund von Mitteilungen der Zechenverwaltungen über die Zahl der Ausschreitungen bei der

---

[1] Legien a. a. O. S. 327.
[2] a. a. O. S. 498.

Ausstandsbewegung vom März 1912 zusammengestellt hat, beweisen für unsere Frage nichts, weil die Ausschreitungen von Streikenden und Streikposten nicht unterschieden sind. Es kann also der Nachweis nicht als erbracht angesehen werden, daß Ungesetzlichkeiten mit dem Streikpostenstehen in notwendigem Zusammenhange stehen, ja es ist nicht einmal festgestellt, daß beides regelmäßig mit einander verknüpft sei. So drückt sich denn auch der Zentralverband deutscher Industrieller in seiner Eingabe vom 22. September 1910 an sämtliche Mitglieder richtiger vorsichtig dahin aus, daß „tatsächlich in nicht seltenen Fällen von den Streikposten gegen die nichtorganisierten arbeitswilligen Arbeiter Drohungen, Ehrverletzung, sogar körperlicher Zwang ausgeübt werde". Und im Verein der Industriellen des Regierungsbezirks Köln gab der Korreferent Rahzen bei der Schilderung von Mißbräuchen des Streikpostenstehens zu, daß der Tatbestand des § 153 GO. dabei „nur in den seltensten Fällen erfüllt werde"[1].

Was nun den zweiten Einwand anbetrifft, daß die Streikposten erfahrungsgemäß die Ursache aller übrigen Ausschreitungen bildeten, so fehlt es auch hier an genügendem beweiskräftigen Tatsachenmaterial. Bei jedem Streik liegen eine Fülle von Entspannungsmöglichkeiten in der Luft. Oft bedarf es nur des geringsten Anlasses, um diese Möglichkeiten in die Wirklichkeit umzusetzen. Es steht fest, daß in sehr vielen Fällen schon das bloße Erscheinen der Polizei provozierend wirkt. Bei manchen Streiks, so insbesondere auch beim Bergarbeiterausstand von 1905, ist von Augenzeugen wiederholt darauf hingewiesen worden, daß der Mob und der Pöbel, vor allem aber Frauen und Kinder, die Veranlassung zu ernsten Straßenkämpfen gewesen sind. Dazu kommt, daß auch die Arbeitswilligen selbst oft, wenn sie sich unter dem

---

[1] Verhandlungen a. a. O. S. 15.

sicheren Schutze der Polizei fühlen, ein herausforderndes Benehmen gegenüber den Streikenden an den Tag legen. Daß unter anderem auch einmal ein Streikposten durch falsches Verhalten die Veranlassung zu Reibereien und Ausschreitung geben kann, soll nicht geleugnet werden. Daß das „erfahrungsgemäß auch nur in der Mehrzahl der Fälle geschehe", ist bis dahin nicht erwiesen. Im Gegenteil kann man behaupten, daß der Dienst der Streikposten, wenn er ordnungsgemäß gehandhabt wird, auf die Menge durchaus beruhigend wirkt, da sie in diesem Falle ihre Interessen gewahrt sieht. Erst das Einschreiten der Polizei gegen die Posten pflegt meist den Anstoß zu geben, daß die Masse der Streikenden gegen die Polizei Stellung nimmt. Durch ein Verbot des Streikpostenstehens, das im Einzelfalle durch die Polizei verwirklicht werden müßte, wird also an den heutigen Verhältnissen nichts geändert werden. Man wird vielmehr den Einfluß, den die Streikposten auf die Menge im Interesse der Erhaltung der Ruhe und Ordnung nach der ganzen Tendenz der Gewerkschaftspraxis auszuüben vermögen und erfahrungsgemäß auch ausüben, unterbinden[1]. Es läßt sich also sehr wohl gegenüber der Behauptung, daß die Streikposten die Ursache der Ausschreitungen seien, die Gegenbehauptung aufstellen, daß in außerordentlich vielen, statistisch allerdings nicht zu erfassenden Fällen, die Streikposten allein durch ihre Anwesenheit auf die Menge beruhigend eingewirkt haben, und so Ausschreitungen vermieden worden sind.

§ 12. Belege aus der Praxis.

Ausführungen wie den obigen pflegt man gerne entgegenzuhalten, daß sie lediglich der „grauen Theorie, wie sie in der sozialen Doktrin bestehe, und einseitiger sozialer Über-

---

[1] „Beseitigt man die offiziellen Funktionäre, so wird der unoffizielle Janhagel dafür ein um so größeres Spielfeld haben" (Ad. Weber, „Die Lohnbewegungen 1914" S. 14).

reizung" entsprängen[1]. Gegenüber den von den Gegnern für unsere Frage so oft angeführten Moabiter Krawallen[2] mag hier auf den Rheinisch-westfälischen Ruhrkohlenstreik verwiesen werden, in dessen Verlauf sich, wie Aschaffenburg[3] versichert, ein „vorzügliches Verhalten der Massen" ergeben hat. Einige Notizen aus den Tageszeitungen mögen beweisen, daß auch die Tätigkeit der Streikposten sich durchaus nicht „terroristisch" gestaltet hat. Die gewiß nicht unternehmerfeindliche Kölnische Zeitung führt unter dem 17. Januar 1905 aus: „Die Polizisten hatten keinen Grund zum Einschreiten, die Parole der Führer, vorerst Ruhe und Ordnung zu halten, wird von allen Organisierten und Nichtorganisierten befolgt. Es ist alles viel ruhiger und gesitteter als es sonst in diesen Industriegegenden zu regelmäßigen Zeiten, an Sonn- und Festtagen und an Zahltagen der Fall ist. **Die Streikposten kümmern sich scheinbar um nichts; mehr tote Figuren als lebende Menschen versehen sie ihren Dienst.** Man darf der schärfste Gegner der Ausständigen sein und wird doch zugeben müssen, daß sie bisher die denkbar beste Ordnung für solche zügellosen, ungeordneten Verhältnisse gehalten haben. Die Leute gehen ruhig ihres Weges, ohne irgendwie Anstoß zu erregen. **Durch Rosetten kenntliche Ordner sorgen dafür, daß der Verkehr nicht gestört werde**"[4]. Auch unter dem 6. Februar 1905 meldet die Kölnische Zeitung, daß die Schutzleute nur wenig zu tun hätten; „**bei jeder Zeche seien Posten aufgestellt, die Ruhe hielten und die Belästi-**

---

[1] Vgl. z. B. Industriezeitung vom 14. Mai 1910 (Nr. 20).

[2] Dazu Deutsche Volkswirtschaftliche Korrespondenz vom 30. September 1910 und Frankfurter Zeitung vom 29. September 1910.

[3] a. a. O. S. 104.

[4] Interessant für den Einfluß der Gewerkschaftsbewegung auf den äußeren Verlauf des Streiks ist eine vergleichende Darstellung zwischen den Streiks von 1905 und dem Niederrheinisch-westfälischen von 1889 in der Kölnischen Zeitung vom 24. Januar 1905.

gungen von Arbeitswilligen nach Möglichkeit
verhinderten". Bei alledem ist zu beachten, daß die Zahl
der Ausständigen am 18. Januar bereits 160000—170000 be-
trug. Gerade darin waren alle Berichterstatter sich einig,
daß die von den Gewerkschaften aufgestellten Ordnungs-
mannschaften der Polizei die Sorge für Ruhe und Ordnung
ziemlich abgenommen hatten. Nicht zum wenigsten sind auf
den Verlauf des Streiks von Einfluß gewesen die in jeder
Versammlung sich wiederholenden Warnungen vor dem Genuß
von Alkohol. Daß bei diesem Streik auch Ausschreitungen
vorgekommen sind, soll ruhig zugegeben werden. Wie es
sich aber in den meisten Fällen mit der Berichterstattung
über Ausschreitungen bei Streiks verhält, beweist die Rede
des Staatssekretärs Grafen von Posadowsky im Reichstag
vom 2. Februar 1905, in der er ausführte, daß die Behauptungen, Ausschreitungen gegen Arbeitswillige hätten
stattgefunden, „entweder vollkommen aus der Luft gegriffen
oder ganz besonders aufgebauscht seien, daß es sich um ganz
gewöhnliche Vorgänge gehandelt habe, wie sie beim Zu-
sammensein von großen Arbeitermassen täglich vorkämen."
Er schloß mit den Worten: „Ich kann den Arbeitern nur
das Anerkenntnis erteilen, daß dieser Streik bisher mit einer
Ruhe und Gesetzmäßigkeit erfolgt ist, die durchaus Anerkennung verdient". Gleiches läßt sich vom Bergarbeiter-
streik in Essen im März 1912 sagen. Hierüber meldet die
Kölnische Zeitung unter dem 12. März: In der Paroleaus-
gabe der deutschen Ausstandsleitung seien die Feiernden ausdrücklich ermahnt, strengste Ordnung und Disziplin ein-
zuhalten; ein höherer Polizeibeamter, der das Herrener
Zechengebiet durchreist habe, habe gemeldet, daß überall
Ruhe des Alltags herrsche; wenn einzelne Bergleute behaupteten, sie fürchteten sich zur Arbeit zu gehen, so sei
das nur als Ausrede anzusehen. „Der Verlauf des letzten
Bergarbeiterausstandes," so schließt der Artikel, „hat gezeigt,

daß ein Arbeitskampf größten Umfanges sich sehr gut ohne Störung der öffentlichen Sicherheit durchführen läßt".

§ 13. Überblick über die gesetzlichen Handhaben der Polizei gegenüber Auswüchsen des Streikpostenstehens.

Wir stellen fest: wenn bei vielen Streiks immer noch Ausschreitungen in erheblichem Umfange vorkommen, so kann dafür der Streikposten nicht verantwortlich gemacht werden. Das Streikpostenstehen kann daher „nicht als solches, sondern vor allem nach Maßgabe des im konkreten Falle damit verbundenen Mißbrauchs gegen Schutzvorschriften der Ahndung unterliegen"[1]. Diesen Mißbräuchen vorbeugend entgegenzutreten, wird Sache der Polizei sein.

Auch über die Frage der Handhabung der polizeilichen Maßnahmen ist in bezug auf unser Problem vielfach gestritten worden. Grundlegend für eine Erörterung der aufgeworfenen Frage ist ein Überblick über die bestehenden gesetzlichen Bestimmungen.

Der polizeiliche Schutz der Arbeitswilligen und des Publikums kann sich aus dem Gesichtspunkte der Sicherheitspolizei (ALR. § 10 II, 17) oder der Straßenpolizei (§ 6 b des Gesetzes vom 11. März 1850) ergeben. In beiden Fällen bedarf es anerkannten Rechts als Voraussetzung zum polizeilichen Einschreiten des Vorliegens eines wie auch immer gearteten polizeilichen Interesses. Als bloße ökonomisch-politische Maßregel ist daher ein polizeiliches Verbot des Streikpostenstehens unwirksam. Von diesem Grundsatz will das Oberverwaltungsgericht in zwei Fällen eine Ausnahme zulassen. Es erklärt ein polizeiliches Einschreiten bei bloßer Gefährdung vermögensrechtlicher Interessen eines einzelnen schon dann für gerechtfertigt, wenn der Bedrohte außerstande ist, die Gefahr abzuwenden. Es ließe sich denken, daß mit Hilfe

---

[1] Denkschrift des Hansabundes a. a. O. S. 4.

§ 13. Überblick über die gesetzlichen Handhaben der Polizei usw.

dieses Satzes ein Streikpostenverbot im Einzelfall gestützt werden könnte. Jedoch ist die Ansicht des Oberverwaltungsgerichts rechtsirrig. Es ist möglich, daß in dem angenommenen Falle in dem einzelnen zugleich das Publikum in seiner Gesamtheit irgendwie tangiert ist, so daß das Interesse des einzelnen zugleich mit dem öffentlichen Interesse zusammenfällt. Solange das aber nicht der Fall ist, handelt es sich um ein „lediglich privatrechtliches Verhältnis, dessen auch nur vorläufige Regelung Sache des Richters ist"[1]. Das gegebene Mittel wäre hier die einstweilige Verfügung. Hier will nun das Oberverwaltungsgericht eine zweite Ausnahme zulassen, indem es einen polizeilichen Eingriff für zulässig erachtet, falls die regelmäßige Hilfe, in unserem Falle also vor allem die einstweilige Verfügung, nicht schnell genug beschafft werden kann. Auch diese Ansicht läßt sich rechtlich nicht halten[2]. Der vom Oberverwaltungsgericht herangezogene Begriff des polizeilichen Notrechtes findet im geltenden Gesetz keine Stütze; eine Herleitung aber aus naturrechtlichen Prinzipien ist mit den Grundsätzen des Rechtstaats unvereinbar. Man würde durch die Anerkennung eines solchen Notrechtes die Grenze zwischen Privatrechtssphäre und Polizeimacht völlig verwischen. Es kann zudem nicht als Aufgabe der Polizei angesehen werden, worauf Biermann[3] mit Recht verweist, „die Lücken des Privatrechtsschutzes auszufüllen". Es ist daher unbedingt daran festzuhalten, daß die Voraussetzung des polizeilichen Einschreitens stets die Verletzung eines öffentlichen Interesses ist.

Betrachten wir die sicherheitspolizeilichen Maßnahmen näher, so ergibt sich als erste Bedingung das Vorhandensein einer „Gefahr". Unter „Gefahr" ist hier nicht die mehr oder

---

[1] Vgl. dazu OVG. vom 18. September 1878 (IV S. 418). Archiv f. ö. Recht, Bd. 27 S. 243 ff.
[2] Hierzu Schulzenstein im Verwaltungsarchiv Bd. 16 S. 123 f.
[3] a. a. O. S. 18.

minder entfernte Möglichkeit einer Gefährdung der öffentlichen Sicherheit, Ruhe und Ordnung zu verstehen, sondern es muß eine naheliegende, auf Tatsachen beruhende Wahrscheinlichkeit einer Schädigung der von der Polizei zu schützenden Interessen vorliegen[1]. Dies ist in ständiger Rechtsprechung vom Oberverwaltungsgericht und Kammergericht anerkannt[2]. Eine Polizeiverordnung, die unter Hinweis auf frühere Vorkommnisse bei Streiks „bis auf weiteres" jede Ansammlung von Menschen und das Gehen oder Zusammenstehen von Gruppen auf gewissen Wegen verbietet, ist aus dem Gesichtspunkt der Sicherheitspolizei nicht zu rechtfertigen[3]. Ein „Hinweis auf frühere Vorkommnisse" genügt nicht, eine solche generelle Anordnung bis auf weiteres zu rechtfertigen. Allerdings ist es nicht nötig, daß zur Zeit des Erlasses Ausschreitungen bereits stattgefunden haben,

---

[1] Daß unter den Begriff der Gefahr niemals schon die bloße Belästigung fällt, ist zweifellos (OVG. 39 S. 294 K. G. Im Recht 1909 S. 452).

[2] OVG. 9 S. 353 und 39, S. 278, K. G. Johow Bd. 24 C. 14, 18, 26 C. 19.

[3] Vgl. Deutsche Arbeitgeberzeitung vom 31. August 1913 über eine derartige Braunschweigische Polizeiverordnung. Der Versuch des Oberlandesgerichts Braunschweig die fragliche Polizeiverordnung zugleich auf verkehrspolizeiliche Gründe zu stützen, geht fehl. Es führt aus: „Es ist nun gar nicht zu diskutieren, daß das Streikpostenstehen in beinahe allen Fällen gegen die Sicherheit des Verkehrs verstößt; denn wenn zwei oder drei Mann auf einen einzelnen sich zubewegen, ihn mehr oder minder deutlich von irgendeinem Plan zu überzeugen suchen, dieses Manöver tagtäglich wiederholen, so kann man gewiß nicht sagen, daß dieses Vorgehen zur Bequemlichkeit des Verkehrs dient ... ja, wenn nur die Streikposten die edle Aufgabe hätten, wie man das manchmal in Büchern vorgetragen findet, statistische Aufstellungen zu machen, dann ließe sich darüber reden, wie weit man sie dulden könnte. Solange aber die Streikposten den Zweck verfolgen, ihre Gegner so lange zu bearbeiten, bis sie sie auf ihre Seite gebracht haben, so lange müssen Polizeiverordnungen gegen sie erlassen werden". Diese von geringer sozialpolitischer Erkenntnis zeugenden Ausführungen laufen letzten Endes auf die Rechtfertigung eines generellen Streikpostenverbots hinaus, wogegen bereits oben das Erforderliche gesagt ist. (Vgl. § 5.)

§ 13. Überblick über die gesetzlichen Handhaben der Polizei usw. 57

aber es müssen doch in der Gegenwart konkrete Umstände vorliegen, die die Gefahr der Ausschreitungen als unmittelbar bevorstehend erscheinen lassen. Es kann deshalb auch die Befürchtung, daß weite Kreise Ärgernis am Streikpostenstehen nehmen könnten und hierdurch etwa Streitigkeiten sich entwickeln, ein Streikpostenverbot im allgemeinen nicht rechtfertigen[1]. Wohl aber läßt sich denken, daß die Stimmung in der Streikgegend im einzelnen Falle so bedrohlich ist, daß nur eine völlige Sperrung gewisser öffentlicher Straßen die Aufrechterhaltung der Ruhe und Ordnung gewährleisten kann. Es bedarf hier jedesmal einer genauen Prüfung der gesamten konkreten Verhältnisse. Richtig führt in dieser Hinsicht die fünfte Strafkammer des Landgerichts Düsseldorf aus (vgl. Jahrbuch des Metallarbeiterverbandes von 1910 S. 56): „Zur Sperrung der R.-Straße habe kein Anlaß vorgelegen. Dadurch, daß die Streikenden anderswo Ausschreitungen begangen hätten, sei der Verkehr in dieser Straße weder gestört noch bedroht worden, noch habe die Hauptverhandlung Anhaltspunkte dafür ergeben, daß eine Störung des Verkehrs unmittelbar zu erwarten gewesen sei ... Die Besorgnis vor etwa später möglicherweise eintretenden Gewalttätigkeiten könne allein ein derartiges Sperrgebot nicht rechtfertigen". Die Polizei wird aber auch scharf zu scheiden haben zwischen Ausschreitungen der Streikenden und der Streikposten. Ungesetzlichkeiten der ersteren rechtfertigen ein Einschreiten gegen die Streikpostentätigkeit im allgemeinen nicht, wenn sie nicht mit den letzteren in erkennbarem Zusammenhange stehen. Die obigen Ausführungen haben im Gegenteil gezeigt, daß die Polizei in manchen Fällen gut daran tut, die Streikposten ruhig ihren Dienst tun zu lassen, um dadurch indirekt in günstigem Sinne auf die Haltung der Streikenden hinzuwirken.

---

[1] Vgl. Kammergericht, Johow 27, C. 47.

Dies verkennt völlig Delius[1], der, trotzdem er richtig betont, daß die Gefahr einer Ruhestörung niemals in weiter Ferne liegen dürfe, doch zu dem Ergebnis kommt, daß die Fortweisung der Streikposten „nur dann unzulässig sei, wenn die Ruhe und Sicherheit auf der Straße durch sie überhaupt nicht gestört werden könnte; denn bei modernen Lohnkämpfen liege die Befürchtung eines Zusammenstoßes stets nahe". Abgesehen davon, daß die letztere Behauptung berechtigten Zweifeln begegnen dürfte, widerspricht die Negative des ersteren Satzes dem geltenden Polizeirecht. Da die Polizeigewalt sich nicht auf die allgemeine Pflicht des polizeimäßigen Verhaltens der Untertanen, sondern auf die besondere Ermächtigung in § 10, II/17 im ALR. stützt, hier aber ausdrücklich das Gesetz nur die Ermächtigung für die Anordnung der zur Erhaltung bei öffentlicher Ruhe, Sicherheit und Ordnung nötigen Anstalten gibt, so kann sich das polizeiliche Einschreiten zunächst immer nur gegen den Störer richten. Die Gefahr, der Pöbel werde eine Veranstaltung zum Anlaß von Ausschreitungen machen, rechtfertigt deshalb noch keineswegs ein Verbot dieser Veranstaltung selbst[2]. Erst wenn die Polizei zu der Überzeugung kommt, daß sie der Ausschreitungen nur Herr werden könne, wenn sie die Tätigkeit der Streikposten verbiete, darf sie gegen die ruhigen Streikposten vorgehen. Sie muß sich eben immer bewußt bleiben, daß es sich, wie Otto Mayer es einmal ausgedrückt hat, um eine „Ablenkung der natürlichen Richtung der Polizeigewalt", mithin um einen Ausnahmefall handelt. Niemals darf aber die Polizei als Grund für ihr Einschreiten gegen die Streikposten vorschützen, daß sie außerstande sei, auf andere Weise die Ausschreitungen der Menge zu verhindern, weil es ihr dazu an den nötigen Organen fehlt. Es ist Pflicht der Polizei, sich in einem solchen Zustande zu erhalten, daß sie stets

---
[1] Verw. Bl. Bd. 27 S. 650.
[2] OVG. 31 S. 410.

§ 13. Überblick über die gesetzlichen Handhaben der Polizei usw. 59

ihrer Aufgaben gerecht zu werden vermag. Die Staatsgewalt hat sich, wie das OVG.[1] ausführt, „nach der freien Lebensäußerung des Individuums zu richten, nicht dieses nach den Bedürfnissen und den verfügbaren Kräften der Staatsgewalt". Fehlt es der Polizei an Hilfskräften, so hat sie rechtzeitig für Zuzug zu sorgen. Aus dem gleichen Gesichtspunkt verbieten sich auch Maßnahmen vorbeugender Beschränkungen der Tätigkeit der Streikposten, die lediglich den Zweck haben, der Polizei ein etwaiges späteres Eingreifen zu ersparen oder zu erleichtern[2].

Während im allgemeinen die Abwendung bloßer Belästigungen nicht den Gegenstand polizeilichen Verfügungs- oder Verordnungsrechts bilden kann, erleidet dieser Grundsatz hinsichtlich des Verordnungsrechts eine für unsere Frage wichtige Ausnahme. Der § 6 b des Gesetzes vom 11. März 1850 gestattet, daß auch bloße Belästigungen, soweit durch sie die Ordnung und Sicherheit und Leichtigkeit des Verkehrs auf öffentlichen Wegen berührt wird, polizeilich verboten werden können. Es erhellt ohne weiteres, daß auf diesem Wege gegen etwaige Auswüchse des Streikpostenstehens in durchgreifender Weise Stellung genommen werden kann. Eine größere Anzahl von Polizeiverwaltungen haben denn auch Straßenpolizeireglements erlassen, in denen generell die Nichtbefolgung von straßenpolizeilichen Anordnungen, d. h. Anordnungen der Aufsichtsbeamten, die der Erhaltung der Sicherheit, Bequemlichkeit oder Leichtigkeit des Verkehrs auf öffentlichen Wegen dienen, unter Strafe gestellt wird. Diese Straßenpolizeireglements, deren Strafmaß sich im Rahmen des § 360 Ziff. 10 StrGB. zu halten hat[3], sind in ständiger

---

[1] OVG. 11, S. 387. Ob vorübergehend in Notfällen etwa Ausnahmen zulässig seien, läßt das OVG. dahingestellt. M. E. ist die Frage zu bejahen. In Zweifelsfällen hat das öffentliche Interesse vorzugehen.

[2] K. G. Johow 21 C. 62. OVG. 39/295.

[3] Dies gilt auch für die früher erlassenen Polizeiverordnungen, vgl. RG. in Strafsachen Bd. 30/437, K. G. Johow 12/224.

Rechtsprechung für gültig erachtet worden[1]. Es scheint auf den ersten Blick so, als ob damit die Streikposten der Willkür der Aufsichtsbeamten ausgeliefert seien. Jedoch sind durch das materielle Recht Schranken gegeben. Die Anordnung des Aufsichtsbeamten muß nach dem Sinne des Gesetzes stets eine verkehrspolizeiliche Grundlage haben. Zwar genügt schon die Besorgnis der Gefährdung der Verkehrssicherheit, aber diese befürchtete Störung des Verkehrs muß unmittelbar bevorstehen und es müssen auch hier für diese Annahme konkrete Anhaltspunkte gegeben sein. Mit Recht bekämpft die Soziale Praxis[2] ein Urteil des Oberlandesgerichts Dresden, in dem eine verkehrspolizeiliche Anordnung gegen die Streikposten damit begründet wird, daß es „erfahrungsgemäß zwischen Arbeitswilligen und Streikenden oft und sehr leicht zu Tätlichkeiten käme". Derartige allgemeine Erwägungen reichen in keinem Falle aus. Die polizeiliche Anordnung auf Grund des Straßenpolizeireglements muß stets auf Grund einer konkreten Zuwiderhandlung ergehen. Ein Verbot des Streikpostenstehens auf Tage, Wochen, Monate oder gar unbestimmte Zeit ist unstatthaft. Die Aufforderung des Polizeibeamten hat sich als eine verkehrspolizeiliche darauf zu beschränken, den Verkehr „in der augenblicklichen Art aufrecht zu erhalten oder für die nächste Zukunft zu sichern. Eine generelle Anordnung würde, wie das Kammergericht in einem Urteile vom Jahre 1906[3] bemerkt, schließlich dazu führen, daß „unter Umständen Leute während der Dauer eines Streiks nicht aus den Häusern gehen dürften oder den Ort verlassen müßten". Es ist ferner zu beachten, daß jeder polizeiliche Befehl mit genügender Bestimmtheit zum Aus-

---

[1] RG. in Strafsachen Bd. 24/317, K. G. Deutsche Juristenzeitung 1905 S. 653.
[2] S. Pr. Bd. 12/1190.
[3] Mitgeteilt im Jahrbuch des Deutschen Holzarbeiterverbandes für das Jahr 1907; vgl. auch S. Pr. Bd. 16 S. 546.

§ 13. Überblick über die gesetzlichen Handhaben der Polizei usw. 61

druck bringen muß, was im Einzelfall von dem Staatsbürger erfordert wird[1]. Polizeiverordnungen, wie sie in den Industriebezirken Schlesiens und Sachsens erlassen sind, welche generell den Aufenthalt in der Nähe von gewissen Betrieben verbieten, sind ungültig. Zur Entscheidung des Kammergerichts gelangte zum Beispiel eine Polizeiverordnung des Oberpräsidenten von Schlesien vom 9. Februar 1892, in welcher verordnet wurde: „Wer sich ohne besondere Befugnis in der Nähe einer Betriebsstätte eines Bergwerks, einer anderen fabrikmäßig betriebenen Anlage, insbesondere einer Eisen- oder Zinkhütte, oder einer Baustelle oder auf dem Zugangswege zu einer solchen Betriebsstätte oder Baustelle aufhält und der Aufforderung des Polizeibeamten oder Gendarmen, sich zu entfernen, keine Folge leistet, wird ... bestraft". Es bedarf keiner weiteren Ausführungen, daß eine solche Polizeiverordnung, wenn sie sich auch nicht ausdrücklich gegen das Streikpostenstehen richtet, doch geeignet ist, dieses völlig zu unterbinden. Wie schon hervorgehoben, entbehrt aber eine solche Verordnung der Rechtsgültigkeit. Es mangelt ihr zunächst an der erforderlichen Bestimmtheit, da schon der Ausdruck „in der Nähe" zu den verschiedensten Deutungen Anlaß gibt und für eine willkürliche Handhabung der Polizeigewalt Raum bietet. Die Polizeiverordnung überschreitet aber auch die durch § 6 b zit. gesteckten Grenzen, da sie zwischen Privatgrundstücken und öffentlichen Verkehrsanlagen keinen Unterschied macht. Ferner fordert sie nicht das Vorliegen verkehrspolizeilicher Anordnungen der Beamten. Eine Bestrafung könnte deshalb in keinem Falle eintreten, selbst dann nicht, wenn in concreto die Fortweisung auf Grund der durch § 6 b zit. geschützten polizeilichen Interessen erfolgt wäre. Denn eine Polizeiverordnung, die wegen ihrer zu unbestimmten oder zur allgemeinen Fassung

---

[1] OVG. 23 341. K. G. Johow 29 C. 58.

ungültig ist, bleibt dies auch auf dem „besonderen oder engeren Gebiet, über welches gültig verfügt werden dürfte, in Wirklichkeit aber nicht verfügt worden ist[1].

Von Interesse ist es, zu prüfen, wie es sich mit der Strafbarkeit des Ungehorsams gegen eine verkehrspolizeiliche Anordnung verhält, wenn diese von einer zur Unterstützung der Polizei zugezogenen Militärperson ausgeht. Anläßlich des Mannsfelder Bergarbeiterstreiks waren zwei Streikposten von einem Sergeanten fortgewiesen, jedoch nicht gegangen. Das Schöffengericht und die Strafkammer erklärten das Mannsfelder Straßenreglement für anwendbar, da „das Militär damals in der Gegend polizeiliche Funktionen ausgeübt habe, die Soldaten also als Aufsichtsbeamte anzusehen gewesen seien". Dem gegenüber ist aber zu betonen, daß die Polizeibehörden nicht befugt sind, die Polizeigewalt einer anderen Stelle zur Ausübung kraft eigenen Rechts zu übertragen, es sei denn, daß dies durch ein besonderes Gesetz vorgeschrieben wäre[2]. Mit Recht hat auch das Kammergericht darauf Gewicht gelegt, daß die fragliche Verordnung sich an Beamte wende, deren Pflicht es sei, unter bestimmten Voraussetzungen auf Grund ihres pflichtgemäßen Ermessens und eigner Verantwortlichkeit die zur Aufrechterhaltung des Verkehrs nötigen Anordnungen zu erlassen. Der Soldat hingegen habe einfach zu tun, was der Vorgesetzte fordere, wie denn auch in diesem Falle festgestellt sei, daß der Sergeant nur auf Grund des Befehles seines Rittmeisters gehandelt habe, welcher das Streikpostenstehen schlechthin verboten gehabt habe[3].

---

[1] K. G. Johow Bd. 34 C. 11.
[2] K. G. im Recht 1909 S. 749. OVG. Recht 1909 S. 717 und schon früher K. G. Johow 24 C. 5 und OVG. 10 S. 203.
[3] S. Pr. Bd. 19 S. 857.

§ 14. Ungleichmäßigkeiten des Rechtszustandes.

Die vorangehende Betrachtung zeigt, daß der Polizei genügende Maßnahmen zu Gebote stehen, um allen Auswüchsen des Postenstehens, sowohl im Hinblick auf den Schutz des Publikums wie der Arbeitswilligen entgegentreten zu können. Diese Tatsache hat manche Sozialpolitiker veranlaßt, das ganze Problem des Streikpostens mit dem Hinweis abzutun, daß eine geschickte Handhabung dieser Bestimmungen das Streikpostenstehen überhaupt illusorisch machen könne. Derartige Anschauungen können nicht scharf genug bekämpft werden. Auf diese Weise wird eine Vergewaltigung des Koalitionsrechtes auf dem Umwege der Polizeigewalt erzielt. Abgesehen von allen anderen unangenehmen Konsequenzen muß ein solches Vorgehen notwendigerweise zu einer gewaltigen Erbitterung der Arbeiterschichten führen, zumal es sich hier um einen durchaus unehrlichen Kampf handelt. Es ist deshalb auch bedauerlich, wenn es in der Denkschrift des Zentralverbandes der deutschen Industriellen[1] bezüglich der Straßenpolizeireglements heißt, daß das Streikpostenstehen, „wenn die Polizeiverordnung sehr kasuistisch und sorgfältig gefaßt sei, in manchen Fällen sich verbieten lassen würde, weil es mit den Bequemlichkeiten des Verkehrs im Widerspruch stehe". Auch hier kommt die Anschauung zum Ausdruck, daß nicht das Streikpostenstehen um des Schutzes des Verkehrs willen im Einzelfalle zu verbieten sei, sondern daß die verkehrspolizeilichen Anordnungen dazu benutzt werden sollen, um den Streikposten nach Möglichkeit um seiner selbst willen zu bekämpfen. Demgegenüber ist nochmals zu betonen, daß nicht genug Wert darauf gelegt werden kann, den Polizeiorganen einzuschärfen, daß sie die ihnen zustehenden Handhaben so gerecht wie möglich benützen. Daß damit

---

[2] a. a. O. S. 498.

an die Polizeibeamten keine geringen Anforderungen gestellt werden, daß vielmehr ein großes Maß von Einsicht, Takt und Geschicklichkeit erforderlich ist, muß zugegeben werden. Hieraus allein einen prinzipiellen Einwand gegen den heutigen Rechtszustand herzuleiten, wie Koffka[1] es tut, geht nicht an. Wollte man diesen Einwand begründet erscheinen lassen, so wäre damit ausgesprochen, daß unsere Polizei überhaupt nicht imstande sei, sich der ihr zustehenden Aufgaben zu entledigen. Auch ein anderer prinzipieller Einwand gegen die Bekämpfung der Auswüchse des Streikpostenstehens durch Polizeimaßnahmen erscheint nicht begründet. Die Denkschrift des Zentralverbandes der Deutschen Industriellen[2] führt aus, daß man auf diese Weise zu einem einheitlichen Rechtszustand nicht kommen werde, da der „Erlaß von Polizeiverordnungen in erster Linie ganz in das Belieben der die Polizeigewalt ausübenden Organe gestellt und die Bereitwilligkeit, derartig scharfe Polizeiverordnungen zu erlassen und sie vor allem strikt zu handhaben, erfahrungsgemäß bei allen kommunalen Behörden nicht gleichmäßig groß sei". Daß eine starke Rechtsungleichheit in den verschiedenen polizeilichen Bezirken möglich ist, mag richtig sein. Sie wird aber auch im Falle eines reichsgesetzlichen Streikpostenverbots nicht ganz zu vermeiden sein, da es für die Anzeige der Streikposten und deren Fortweisung auch dann noch im Einzelfalle stets auf den guten Willen der Polizeiorgane ankäme. Der Mißstand unangenehmer Verschiedenheiten in den Auffassungen, wird „viel wirksamer durch Verständigung der zuständigen Verwaltungsbehörden unter einander über ein möglichst gleichmäßiges Vorgehen beseitigt werden"[3]. Andererseits ergibt sich, wie die Denkschrift des Hansabundes richtig hervorhebt, bei der heutigen Rechtslage der Vorteil, daß auf dem Wege

---

[1] Deutsche Juristenzeitung 1910 S. 1328.
[2] a. a. O. S. 499.
[3] Posse a. a. O.

der Polizeimaßnahmen eine „oft sehr zweckmäßige Berücksichtigung örtlicher Eigentümlichkeiten und Verschiedenheiten ermöglicht wird".

§ 15. Die Gefahr der Polizeiwillkür.

Prinzipielle Bedenken gegen den heutigen Rechtszustand werden auf der anderen Seite, insbesondere aus den Reihen der Gewerkschaften, in der Richtung erhoben, daß der einzelne der Willkür der Polizei mit Rücksicht auf die möglichen verkehrspolizeilichen Anordnungen ausgeliefert sei. Zwar könne zugegeben werden, daß materiell die Grenzen der Zulässigkeit des Streikpostendienstes auch in dieser Hinsicht gerecht abgesteckt seien. Jedoch ergäben sich unerwünschte Konsequenzen in bezug auf das richterliche Nachprüfungsrecht, dessen Erweiterung unbedingt gefordert werden müsse [1].

Es ist richtig, daß gemäß § 17 des Gesetzes vom 11. März 1850 (für die neuen Landesteile § 15 der Verordnung vom 20. September 1867) und § 1 des Gesetzes vom 11. Mai 1842 dem Richter nur die Prüfung der Gesetzmäßigkeit der verkehrspolizeilichen Anordnung obliegt. Eine Prüfung der Notwendigkeit oder gar Zweckmäßigkeit findet nicht statt. Daß unter diesen Umständen einem materiell ungesetzlichen, formell aber nicht zu beanstandenden Vorgehen der Beamten Raum gegeben ist, muß zugegeben werden. Die Möglichkeit dieses Mißbrauchs aber berechtigt noch nicht dazu, den heutigen Rechtszustand im Prinzip anzugreifen. Vielmehr wird man allen Bestrebungen, das richterliche Nachprüfungsrecht zu erweitern, mit Entschiedenheit entgegentreten müssen. Man

---

[1] Die S. Pr. versteigt sich im Bd. 14 S. 483 zu dem Satze, „es sei ihr ein Rätsel, wie man noch von Koalitionsrecht reden könne, wo jeder Polizeibeamter die Streikposten fortjagen dürfe". Vgl. auch über die „Vogelfreiheit des Streikpostendienstes" das Korrespondenzblatt der freien Gewerkschaften von 1913 Nr. 49: „Zur Frage des Arbeitswilligenschutzes".

darf nicht in die freie Sphäre der Verwaltung eindringen; andernfalls würde man sie auf Schritt und Tritt hemmen. Auch wird man sich hüten müssen, spezifische Aufgaben der Verwaltung auf den Richter zu übertragen und ihn so mit einer ihm fremden Aufgabe zu belasten. Es genügt im Rechtsstaate, wenn der Richter über die Gesetzmäßigkeit der Verwaltung wacht. Wenn Brütt[1] dafür eintritt, daß dem Richter jedenfalls die Nachprüfung der Notwendigkeit der ergangenen Anordnung gestattet sein solle, so ist dem entgegenzuhalten, daß die Frage der Notwendigkeit sich von der Zweckmäßigkeit nicht trennen läßt. Beide Begriffe enthalten nur „verschiedene Beziehung desselben Begriffs der freien Zweckmäßigkeit"[2].

Steht es nun wirklich nach der heutigen Rechtsprechung so schlimm mit einer Auslieferung des Streikpostens an die Willkür der Polizeiorgane? Ganz gewiß kann man Brütt[3] nicht recht geben, wenn er behauptet, daß „der einzelne Passant auf der Straße gezwungen wäre, auch dem unbilligsten und unvernünftigsten Befehle des Schutzmannes Folge zu leisten." Eine Betrachtung der Rechtsprechung des Kammergerichts wird das bestätigen.

Das Kammergericht legt seine Nachprüfung der Gesetzmäßigkeit einer Anordnung vor allem die Frage zugrunde, ob der Beamte die Fortweisung des Streikpostens im Einzelfalle aus verkehrspolizeilichen Gründen verfügt hat. Die Zulässigkeit dieser Nachprüfung ergibt sich unmittelbar aus dem Gesetz. Der Beamte muß also im Augenblick der Anordnung die Überzeugung haben, daß durch die Handlung, die er verbietet, die Sicherheit oder Bequemlichkeit des Straßenverkehrs gestört oder bedroht werde oder daß diese Gefahr unmittelbar bevorstehe; gleichgültig ist dabei, ob er

---

[1] a. a. O. S. 291.
[2] Rosin a. a. O. S. 284.
[3] a. a. O. S. 291.

die Sachlage zutreffend beurteilt oder nicht[1]. Mit anderen Worten: Es ist erforderlich, daß die Anordnung nach der Überzeugung des Beamten polizeilichen Zwecken dienen sollte, gleichviel ob sie objektiv geboten war Als polizeiliche Zwecke kommen naturgemäß nur die im Rahmen der Gesetzgebung begründeten in Betracht: unzulässig wäre, wie wir schon oben feststellten, eine Anordnung, die erging, um einer ganz entfernt liegenden Möglichkeit der Gefährdung der Verkehrssicherheit zu begegnen[2]. In diesem Fall wird nicht etwa die Zweckmäßigkeit der Maßregel, für die vielmehr allein die nicht nachzuprüfende Überzeugung der Polizei maßgebend ist, wohl aber ihr Zweck in den Kreis der Betrachtungen des Richters gezogen: der Zweck einer verkehrspolizeilichen Anordnung muß stets das augenblickliche Verkehrsbedürfnis, nicht eine erst in späterer Zukunft zu erwartende Möglichkeit der Gefährdung sein[3].

Die Anordnung des Beamten ist also dann unzulässig, und eine strafbare Handlung liegt nicht vor, wenn diese Anordnung überhaupt eine verkehrspolizeiliche nach den gesetzlichen Bestimmungen nicht sein konnte. Davon ist streng zu scheiden die Frage, ob die Anordnung gerade so wie sie erging, notwendig und zweckmäßig war. Es ist daher unrichtig, wenn in der S. Pr. Bd. 9 S. 758 ausgeführt wird: Weil die Polizeiverordnung den Zweck habe, eine Störung der öffentlichen Sicherheit oder des Verkehrs zu verhüten, habe eine Verurteilung deshalb zur notwendigen Voraussetzung, die Feststellung, daß die polizeiliche Aufforderung auch objektiv und nach Lage der gegebenen Verhältnisse begründet war,

---

[1] Kammergericht, im Recht 1907 S. 77 (D. J.-Z. 1906 S. 766).
[2] KG., im Recht 1911 S. 140. KG., im Recht 1908 S. 90 (D. J.-Z. 1908 S. 318).
[3] KG., mitgeteilt im Jahr- und Handbuch für den Deutschen Metallarbeiterverband vom Jahre 1910 S. 55. Vgl. auch D. Arbg.-Z. vom 2. November 1913 Nr. 44.

eine Feststellung, die dem Strafrichter obliege ohne Rücksicht auf die Auffassung, die der betreffende Polizeibeamte in dem Augenblick der Aufforderung gehabt habe". Gerade umgekehrt ist für die Frage der Notwendigkeit oder Zweckmäßigkeit der Anordnung, d. h. der nach dem Gesetz überhaupt zulässigen Anordnung, die Überzeugung des Beamten allein maßgebend. Diese Tatsache ist nach zwei Richtungen bedeutungsvoll. Das Ermessen des Beamten muß stets ein pflichtgemäßes gewesen sein; wird in einem Einzelfall erkennbar, daß für den Erlaß der Anordnung verkehrspolizeiliche Rücksichten überhaupt nicht maßgebend gewesen sind, sondern der Beamte ganz willkürlich oder gar aus Schikane gehandelt hat, so kann eine Bestrafung nicht eintreten. Bei der Prüfung des pflichtmäßigen Ermessens ist das Gericht nach den Grundsätzen der freien Beweiswürdigung an die Angaben des Beamten nicht gebunden. Ein strafbarer Tatbestand liegt daher immer dann nicht vor, wenn das Gericht trotz entgegenstehender Angaben des Beamten zu der Überzeugung kommt, daß dieser den von ihm behaupteten verkehrspolizeilichen Zweck überhaupt nicht verfolgen konnte: In diesem Fall lag eben tatsächlich eine Anordnung zur Erhaltung der Sicherheit des Verkehrs überhaupt nicht vor[1]. Die Frage des pflichtgemäßen Ermessens wird noch in anderer Richtung bedeutsam. Es ergibt sich allerdings aus der

---

[1] Heinemann behauptet in der S. Pr. 1902/03 S. 229, das Kammergericht habe seine Stellung dahin präzisiert, daß der Richter verpflichtet sei, in eine Prüfung der Frage einzutreten, ob die Anordnung des Aufsichtsbeamten tatsächlich zur Erreichung des Zwecks, den die Polizeiverordnungen im Auge hätten, geeignet seien. Auf die subjektive Auffassung des Beamten und seinen Willen komme es überhaupt nicht an Da Heinemann das Urteil d. KG., das er bei seinen Ausführungen im Auge hat, nicht anführt, sind seine Behauptungen nicht nachzuprüfen. Aus den mir bekannt gewordenen Urteilen d. KG., insbesondere KG. D. J.-Z. 1903 S. 527, S. Pr. 1912 S. 1139 und 1913 S. 491, endlich im Recht 1908 S. 211, läßt sich nur der im Text entwickelte Standpunkt entnehmen.

Organisation des Behördensystems, daß die im Auftrage eines polizeilichen Aufsichtsbeamten erfolgte Fortweisung der selbständigen Anordnung des Unterbeamten gleichsteht. Aber die Anordnung muß eben doch in jedem Fall von einem Aufsichtsbeamten ausgegangen sein: der Befehl eines Bureaubeamten der Polizeiverwaltung ist unwirksam. Ebenso liegt es im Sinne des Gesetzes, daß „der Beamte stets auf Grund selbständiger Erwägungen im Einzelfall im verkehrspolizeilichen Interesse handelt". Eine generelle Anordnung der vorgesetzten Behörden an ihre Polizeiorgane, das Streikpostenstehen schlechthin zu verbieten, macht daher die daraufhin ergehenden Anordnungen der Beamten unwirksam[1]. Es wird damit erreicht, daß für den Richter die Nachprüfung sich auf Grund der ganz konkreten Verhältnisse ermöglicht, die zu der jeweiligen Anordnung geführt haben.

Die Rechtsprechung des Kammergerichts hält unseres Erachtens die rechte Mitte zwischen dem, was eine gesunde Verwaltung an freiem Spielraum benötigt, und dem notwendigen Schutz des einzelnen vor Mißgriffen der Polizeiorgane. Mißgriffe werden sich naturgemäß niemals ganz vermeiden lassen. Man soll sich aber hüten, durch die Forderung nach einer Erweiterung des richterlichen Nachprüfungsrechtes das Kind mit dem Bade auszuschütten und auf diese Weise die öffentliche Meinung von der eigentlichen Wurzel des Übels abzulenken. Es ist dabei auch zu bedenken, daß selbst ein späterer Freispruch des Streikpostens doch nur eine formale Wirkung haben kann. Der Mißgriff ist geschehen und kann nicht aus der Welt geschafft werden. Mit ihm aber auch insbesondere nicht alle die unliebsamen Folgeerscheinungen, die bei der ohnehin schon mit Erbitterung erfüllten Menge der Streikenden polizeiliche Mißgriffe stets auszulösen pflegen. Anstatt daher mit der Strafkammer IV des Landgerichts

---

[1] KG. im Recht 1908 S. 607 und im Recht 1911 S. 492.

Cöln sich darüber zu beklagen, daß in den Fällen polizeilicher Mißgriffe Freisprechung der Streikposten nicht erfolgen könne, „weil der oberste Gerichtshof der Monarchie den Richtern die Nachprüfung der Notwendigkeit und Zweckmäßigkeit polizeilicher Anordnungen der hier fraglichen Art in ständiger Rechtsprechung unterbunden habe"[1], wird man die Sache mehr födern, wenn man sein Augenmerk auf die Verhinderung derartiger Mißgriffe selbst richtet.

§ 16. Die Gestaltung der tatsächlichen Verhältnisse: Mängel der Polizeiorganisation und ihre Abhilfe.

Tatsächlich wird denn auch über die Handhabung der polizeilichen Befugnisse bei Streiks gegenüber dem Streikposten von vielen Seiten geklagt. Die Zusammenstellung der Mitteilungen der Handelskammer in der Zeitschrift „Handel und Gewerbe"[2] zeigt, daß fast alle Handelskammern über das Bestehen derartiger Mängel einig sind. Dies wird zurückgeführt zum Teil darauf, daß sich die Polizeibehörden ihrer Befugnisse nicht immer im vollem Umfange bewußt sind oder sie doch falsch auslegen. So meldet Mainz[3], daß die Polizeiverwaltung dort wiederholt erklärt habe, ihr fehle die Befugnis zu schärferem Vorgehen, da sie nur gegen Gewalttätigkeiten einschreiten könne. Auch in der Ausschußsitzung der Ortsgruppe Solingen des Hansabundes wurde einseitig festgestellt, daß in sehr vielen Fällen „Unkenntnis der bestehenden Bestimmungen die Beamten vom energischen Einschreiten abhalte"[4]. Zum anderen Teile wird aber von in-

---

[1] Vgl. S. Pr. Bd. 14 S. 753.

[2] 19. Jahrg. Nr. 32 u. 38, 20. Jahrg. Nr. 8.

[3] H. u. G. 19 Nr. 32 S. 727.

[4] Vgl. den Bericht in der Kölnischen Zeitung vom 3. September 1912 Nr. 985.

Aus den angeführten Gründen hat der Industrierat des Hansabundes in seiner Sitzung vom 8. November 1913 unter anderem die Forderung aufgestellt, daß „für eine gleichmäßige und energische An-

§ 16. Die Gestaltung der tatsächlichen Verhältnisse usw. 71

dustrieller Seite sehr häufig Klage geführt darüber, daß die Polizeiverwaltungen eine gewisse Scheu beobachtet hätten, energisch durchzugreifen. Auch in den Berichten der Handelskammern werden Beispiele in größerer Anzahl hierfür angeführt. So meldet zum Beispiel Kiel[1]: „. . . doch hielt der betreffende Polizeibeamte sich meistens in einer solchen Entfernung auf, daß es den Streikenden möglich war, zwischen den Arbeitswilligen hin- und herzugehen und sie zu belästigen. Ziegelsteine sind ihnen um den Kopf geflogen unter diesem polizeilichen Schutz".

Alle diese Mängel sind durchaus bedauernswert. Sie rechtfertigen aber keineswegs, wie die Gegner des Streikpostenstehens meinen, ein Streikpostenverbot. Sie können nur eine Veranlassung dafür sein, mit allen Kräften auf eine gute energische und gerechte Handhabung der bestehenden gesetzlichen Bestimmungen hinzuarbeiten. Das gleiche gilt bezüglich der so häufig gehörten Klage, daß zwar die Polizei

---

wendung der bestehenden polizeilichen und strafrechtlichen Vorschriften . . . gesorgt wird und daß insbesondere zu diesem Zwecke durch das Reich dafür Sorge getragen wird, daß seitens sämtlicher bundesstaatlichen, landespolizeilichen und provinzialen Behörden tunlichst gleichmäßige Verordnungen erlassen werden, durch welche die polizeilichen Exekutivbeamten nicht nur über ihr Recht, sondern auch über die Pflicht zum Einschreiten bei Streikexzessen an der Hand der bestehenden Gesetze belehrt werden".

Von Nutzen wird diese Anregung nur dann sein, wenn neben der Gesetzeskenntnis die soziale Einsicht und das soziale Verständnis der Beamten wesentlich gehoben wird. Das gleiche ist von dem Antrage der nationalliberalen Fraktion des preußischen Abgeordnetenhauses vom Februar 1914 zu sagen, wonach die Regierung ersucht werden soll, die örtlichen Polizeibehörden und Exekutivbeamten anzuhalten, sobald bei Ausbruch einer Arbeitsstreitigkeit eine Störung der öffentlichen Sicherheit, Ruhe und Ordnung, insbesondere durch Belästigungen Arbeitswilliger festgestellt wird oder zu besorgen ist, in Anwendung und in Gemäßheit des bestehenden Rechts und der auf Grund dieses Rechts erlassenen Polizeiverordnungen unter sorgfältiger Wahrung der Koalitionsfreiheit, dem Mißbrauch dieser Freiheit in der Richtung eines Koalitionszwanges unverzüglich und nachdrücklich entgegenzutreten.

[1] H. G. 1900 Nr. 32 S. 725.

auf Grund der gesetzlichen Bestimmungen energisch eingeschritten, daß aber dieses Vorgehen wegen der großen Menge vollkommen nutzlos gewesen sei[1] und daß ein Schutz der Arbeitswilligen gegenüber dem Streikposten doch niemals erreicht werden könne, da ja doch die Polizei „nicht in jedem Augenblick allgegenwärtig sein könne"[2]. Dem wird entgegenzuhalten sein, daß kein noch so scharfes Gesetz alle Mißbräuche aus der Welt schaffen wird. Auch hier wird nur eine gute Organisation der Polizei die nötige Abhilfe schaffen können. Solange die Polizei sich ohnmächtig erweist, auf Grund ausreichender Bestimmungen gegen die Auswüchse des Streikpostenstehens einzuschreiten, wird sie auch bei einem gesetzlichen Verbot des Streikpostenstehens selbst nicht viel mehr ausrichten können. Alle Schwierigkeiten, die sich in der Durchführung der bestehenden Strafgesetze ergeben haben, würden nach wie vor auch hinsichtlich des Streikpostenverbots bestehen. Auch wenn die Posten versuchen, sich den Arbeitswilligen zu nähern, ist die Überführung sehr schwer, da Zeugen nicht immer in der Nähe sind. Die unmittelbar Beteiligten pflegen aber sehr oft aus Furcht vor der Rache der Streikenden bei ihrer Vernehmung zu versagen. Ferner unterliegt die Feststellung der Person des Täters erheblichen Schwierigkeiten, da zu Streikposten häufig, wie zum Beispiel in Barmen[3] beobachtet wurde, Arbeiter aus fremden Betrieben verwendet werden, die den Nächstbeteiligten nicht bekannt sind und sich daher der Anzeige leicht entziehen. Besonders erschwert ist auch die Feststellung des Täters bei Massenansammlungen. Diese Schwierigkeiten aber werden besonders groß gegenüber solchen Posten, die sich auf bloße Beobachtung beschränken, zumal wenn sich die Beobachtung auf eine

---

[1] „Streikexzesse" in „Der Arbeitgeber" 1910 Nr. 17.
[2] Eingabe des Arbeitgeberverbandes zu Cöln an den Staatssekretär des Innern vom 4. Januar 1910.
[3] Vgl. H. u. G. 19. Jahrg. Nr. 38.

Mehrzahl von Arbeitern verteilt und patrouillierende Posten verwendet werden. Zudem vergegenwärtige man sich doch, daß die ausnahmsweise sich ereignenden Übergriffe der Streikposten im Gegensatz zu dem Terrorismus der Streikenden überhaupt gering erscheinen: „Der Terrorismus", so führte der Staatssekretär am 15. Januar 1913 im Reichstage aus, „der den Arbeitswilligen und ihren Familien das ganze Leben verbittert, wird nur zum ganz kleinen Teile durch die Streikposten verübt. Größtenteils sind es zahlreiche andere Leute, Spaziergänger, zum Markt fahrende Frauen, Kinder, es geschieht in den Werkstätten, auf den Korridoren, in den gemeinsamen Waschränmen, in den Konsumvereinen und Restaurants". Alle diese kleinlichen Mittel der Belästigungen, in denen die Streikenden außerordentlich erfinderisch zu sein pflegen und gegen die niemand einschreiten kann, weil der Täter entweder nicht gefaßt wird oder es an den nötigen Zeugen fehlt, wirken außerordentlich viel schlimmer als der „Terrorismus der Streikposten". Wer es wirklich darauf abgesehen hat, auf Arbeitswillige terroristisch einzuwirken, dem stehen zahllose Wege dazu offen, ohne daß er mit dem Strafgesetz in Konflikt zu kommen brauchte. „Der Verkehr, das Zusammenwirken in Fabrik und Werkstatt, läßt so vielseitige Formen der Nichtachtung, Nichtförderung, Nichtsolidarität zu, die juristisch völlig unfaßbar sind. Was sich nicht in aktiver Weise äußern kann, das wird sich durch Passivität bekunden ..."[1]. Man muß sich daher stets im klaren sein, daß das Verbot des Streikpostenstehens nicht nur nicht ein völlig untaugliches Mittel zur Bekämpfung der bestehenden Übelstände sein wird, sondern wie noch zu zeigen ist, umgekehrt gerade sozialpolitisch höchst unerwünschte Folgen zeitigen kann.

[1] Korrespondenzblatt der Generalkommission 23. Jahrg. Nr. 50 S. 762. Vgl. auch die Ausführungen des Frhr. v. Reiswitz-Hamburg auf der II. gemeinsamen Arbeitsnachweiskonferenz a. a. O.

Zweiter Unterabschnitt.

Was spricht gegen ein generelles Streikpostenverbot?

I. § 17. Kriminalpolitisch unerwünschte Folgen.

Wir haben versucht, die Gründe der Gegner des Streikpostenstehens im vorhergehenden zu widerlegen. In den folgenden Paragraphen sollen die zum Teil schon angedeuteten kriminalpolitisch oder sozialpolisch etwa unerwünschten Folgen des Streikpostenverbots untersucht werden. Wir haben festgestellt, daß die Tätigkeit der Streikposten weder als sitten- noch rechtswidrig anzusehen ist. Die Bestrafung aber von Handlungen derartiger vom Volksbewußtsein als nicht strafwürdig angesehener Handlungen ist vom kriminalpolitischen Standpunkte, nicht nur von dem der Rechtsidee aus verwerflich: sie muß notwendigerweise zu einer allgemeinen Demoralisierung führen, indem die Masse die Grenzlinien zwischen verwerflichem und nichtverwerflichem Verhalten aus dem Auge verliert, da sie beides mit gleicher Strenge bestraft sieht[1]. Mit Recht wurde in der Enquetekommission zu Berlin im Jahre 1865 anläßlich der Beratung des § 153 GO. ausgeführt, daß als strafbare Ausschreitungen moralische Zwangsmittel nicht zu betrachten seien. Es sei illusorisch, das strafen zu wollen, was nach allgemeinen Gesetzen nicht strafbar sei. Aber die Strafandrohung „ist nicht nur im Einzelfall illusorisch, sondern ... die Strafandrohung wird überhaupt diskreditiert und damit ihrer besten Wirkung beraubt"[2], und so kommt es, daß diese Ungerechtigkeit einer Gesetzesbestimmung sich zu einer Schädigung der kriminalpolitischen Zwecke überhaupt auswächst. „Diese Angelegen-

---

[1] Brentano a. a. O. S. 13.
[2] Lilienthal in der D. J.-Z. 1899 S. 428.

heit ist umso ernster zu beurteilen, als unser Volk in bezug auf politische Moral und Rechtlichkeit, Gott sei Dank, noch viel zu verlieren hat. Noch hat Deutschland verhältnismäßig wenig vom Anarchismus, von der zynischen Leugnung jeden Rechts, von der Propaganda der Tat zu leiden gehabt. Es darf daher nicht geduldet werden, daß das einzige unerschütterliche Bauwerk gegen solche Verirrungen, der Rechtssinn eines freien Volkes untergraben werde"[1].

Wer aber doch der Überzeugung ist, daß durch die Streikposten ein Zwang ausgeübt werde, der möge nicht übersehen, daß es auch aus einem anderen Grunde gefährlich wirken kann, den Schutz des Gesetzes allzuweit zu spannen. Der Römer umgrenzte die rechtsrelevante Drohung als metus qui in constantissimum cadere postest; der § 153 GO. bestraft schon die bloße Drohung mit Gefängnis. Diese Regelung steht auch zu unserem gesamten Strafrechtssystem im Gegensatz. Sie mag in der Besonderheit der zugrunde liegenden Tatsachen ihre Rechtfertigung finden. Aber darüber hinaus den bloßen moralischen Zwang zu bestrafen, würde verfehlt sein. Es ist das gute Recht des einzelnen, sich auch gegenüber einer Majorität durchzusetzen. Wer das aber tut, muß wissen, daß er mit dem Gewicht seiner Persönlichkeit dafür einsteht. „Die Einflüsse und Abhängigkeiten, die das praktische Leben der Menschen mit sich bringt, sind gottgegebene Realitäten, die man nicht ignorieren kann und soll". Diese Worte Bismarcks darf eine gesunde Rechtspolitik nicht ungehört verhallen lassen.

Um endlich noch das Streikpostenverbot in bezug auf den äußeren Verlauf der einzelnen Streiks vom kriminalpolitischen Gesichtspunkte aus zu würdigen, so ist hier zusammenfassend zu sagen, daß bei richtiger Erfassung der psychisch wirksamen Momente bei Ausständen der Streik-

---

[1] Schriften d. V. f. S. P. 1897 S. 333.

posten unter Umständen als wertvolles Organ zur Verhinderung von Ungesetzlichkeiten anzusehen ist. Die tägliche Erfahrung zeigt, daß bei sehr vielen Streiks die Gewerkschaftsbeamten selbst, besonders wenn die Stimmung der Menge einen bedrohlichen Charakter annimmt, den Dienst der Streikposten verrichten und allein durch ihre Anwesenheit auf die Massen beruhigend einwirken. Das gleiche gilt aber in vielen Fällen vom Streikpostendienst überhaupt. Ein Streikpostenverbot würde ein starkes Aufgebot der Polizei zur Überwachung der Befolgung dieser Bestimmung von Anfang an notwendig machen und damit die Erregung der Menge nur steigern, wie die Geschichte des Streiks es zur Genüge bewiesen hat. Gerade eine kluge Reserve der Polizei, wie sie bei der gegenwärtigen Gesetzeslage möglich ist, vermag in den meisten Fällen grobe Ausschreitungen hintanzuhalten. Es ist daher durchaus zu begrüßen, wenn es in einer Mitteilung der offiziösen Norddeutschen Allgemeinen Zeitung anläßlich des Oberschlesischen Bergarbeiterstreiks heißt[1]: „In Oberschlesien ist auch die polizeiliche Exekution mit der größten Zurückhaltung gehandhabt worden und dies wird stets bei Ausständen geschehen, die wie hier nach außen hin in ruhigen Formen verlaufen".

Man glaube doch nicht, daß die Gewerkschaften ohne weiteres das Verbot des Streikpostenstehens tatenlos hinnehmen werden. Sie werden sofort den Versuch zu einer Umgehung machen. Bei der Schwierigkeit der juristischen Definition des Streikpostenstehens, von der unten die Rede sein wird, werden sie den gleichen Erfolg wie bisher erzielen, indem sie nunmehr sämtliche im Streik befindlichen Verbandsgenossen beauftragen werden, jeden zu seinem Teile die nötigen Beobachtungen und Feststellungen zu machen. Auf diese Weise würde aber eine Disziplinierung der Massen durch die

---

[1] S. Pr. Bd. 22 S. 974.

Gewerkschaften mit Hilfe der Streikposten im Einzelfalle unmöglich gemacht werden und der Terrorismus wieder die alten Formen annehmen, da eine Auswahl der Streikenden zum Streikpostendienst nicht mehr geschehen könnte.

II. § 18. Sozialpolitisch unerwünschte Folgen.

Untersuchen wir die Frage, in welcher Weise das Streikpostenverbot auf die sozialpolitischen Verhältnisse einwirken würde, so kann zunächst kein Zweifel bestehen, daß in dem Maße, wie die Agitation auf der Straße zurückgedrängt würde, die Hausagitation sich breit machen und, unbeobachtet, gewiß nicht sanftere Form annehmen würde als wie es das Streikpostenstehen in Ausnahmefällen getan hat. Schon in den Reichstagsverhandlungen über den Ruhrkohlenstreik am 2. Februar 1905 wurde von einigen Rednern darauf hingewiesen, daß die Unternehmer zwar die gute Haltung der Streikenden in der Öffentlichkeit anerkennen müßten, daß aber der Zwang in den Wohnungen, den Arbeitervierteln und -Kolonien stark zugenommen habe. Auch die Handelskammer Dortmund äußert sich hierüber folgendermaßen[1]: „Wenn auch derartige Verhältnisse (d. h. Streikexzesse) in den letzten Tagen seltener geworden sind, so hat dafür um so lebhafter die sogenannte Hausagitation eingesetzt, die aber nicht mit Worten, sondern mit dem Knüppel betrieben wird." „... Die Arbeitswilligen und ihre Angehörigen werden jetzt anscheinend planmäßig in ihren Häusern von Fremden bedroht, mißhandelt und es wird ihnen Schaden an ihrem Eigentum zugefügt ... Derartige Vorfälle kommen in großer Anzahl nicht nur in abgelegenen Stadtteilen bei einzeln stehenden Häusern und in Dörfern vor, wo sie allerdings naturgemäß besonders häufig sind, sondern auch in geschlossenen Ortschaften und selbst in Straßen der Stadt Bochum." Und ähnlich berichtet

---

[1] H. u. G. 19. Jahrg. Nr. 38 S. 885.

Solingen[1] über die Familienagitation: „Es kommt vor, daß in Abwesenheit der Männer die Streikposten in die Wohnungen eindringen, um den Frauen der Arbeitswilligen durch alle möglichen Drohungen und Versprechungen, zum Beispiel: daß ihre Männer später keine Arbeit mehr erhalten würden, daß es unwürdig und ehrlos sei, die Streikenden im Stiche zu lassen, daß ihnen später jeder Verkehr mit ihren Mitarbeitern unterbunden werde, daß sie im Falle der Solidarität bedeutend mehr Löhne heimbringen würden usw., derartig zuzusetzen, daß schließlich die Frauen aus Furcht vor dem unabläßlichen Drängen der Streikposten vielfach ihre Männer überreden, die Arbeit ebenfalls niederzulegen." Das mag genügen, um zu zeigen, daß ein Streikpostenverbot den gewerkschaftlichen Terrorismus niemals erfolgreich bekämpfen, sondern im Gegenteil eine höchst unerwünschte Verschiebung der Agitation herbeiführen wird.

Die bedauerlichste Erscheinung in allen sozialpolitischen Kämpfen ist aber eben der gewerkschaftliche Terrorismus. In ihm besitzen die Organisationen eine Waffe, der man von Gesetzes wegen nur sehr schwer oder gar nicht beikommen kann. Mit Recht führte der Reichskanzler in der Sitzung vom 10. Dezember 1913 im Reichstage aus, daß gerade die empfindlichste Form des Terrorismus, vor allem der wirtschaftliche und der gesellschaftliche Boykott in der Regel nicht in Angriffen, sondern in Unterlassungen ausgedrückt sei. Und diese Unterlassungen werde man auch durch ein revidiertes Strafgesetzbuch nicht fassen können. Es unterliegt nun keinem Zweifel, daß in dem Maße, als der Gesetzgeber die Durchführung des Streiks den Gewerkschaften erschweren wird, ihr Bestreben dahin gehen muß, sich vor dem Kampf völlig zu rüsten und die Arbeiterschaft dem gewerkschaftlichen Empfinden mit all den kleinlichen, aber um so

---

[1] H. u. G. 19. Jahrg. Nr. 38 S. 893; vgl. auch den Bericht der Handelskammer Bayreuth. H. u. H. 19. Jahrg. Nr. 38 S. 881.

wirksameren Mitteln dienstbar zu machen. Und dies Bestreben wird ein um so schrofferes sein, als der Gesetzgeber an sich nicht rechtswidrige Mittel verbietet und so die Grenze zwischen Recht und Unrecht selbst verwischt.

Ja, das Korrespondenzblatt der freien Gewerkschaften hat leider nur zu sehr recht, wenn es in Nr. 50 des 23. Jahrganges in einem Artikel „Zur Frage des Arbeitswilligenschutzes" ausführt: „Je mehr sich Gesetzgebung, Polizei und Gericht des Arbeitswilligen, des Nichtorganisierten, annehmen, desto mehr stellen sie ihn in Gegensatz zur Masse der organisierten Arbeiter, isolieren ihn, entreißen ihm seinen natürlichen Boden und machen ihn zum Spielball aller Anfeindungen, die kein Gesetz und kein Richter hindern kann. Die Masse der Arbeiter ist daran gewöhnt, ihren Empfindungen in irgend einer Form Ausdruck zu geben, und sie wird dies umso mehr tun, je mehr sich einer von ihr absondert, sich unter fremde Fittiche begibt". Nicht genug also, daß das Streikpostenverbot dazu führen würde, daß sich tatsächliche Ausschreitungen fortan in weit höherem Maße im geheimen abspielen möchten und ihre strafrechtliche Verfolgung noch erheblich erschwert würde, zwänge man die Gewerkschaften unweigerlich dazu, zu jenen kleinen, aber wirksamen und strafrechtlich nicht faßbaren Mitteln ihre Zuflucht weit mehr noch zu nehmen, als es bedauerlicherweise schon heute der Fall ist. Damit wäre der Schutz der Arbeitswilligen gemindert. Zugleich aber begäbe man sich der wirksamsten Waffe gegen den eigentlichen Terrorismus, da der Druck der öffentlichen Meinung in diesen Fällen sehr viel schwerer einsetzen kann als bei offensichtlichem Terrorismus der von den Gewerkschaften autorisierten Streikposten[1]. Ein Streikpostenverbot wird den Kampf gegen den Terrorismus niemals siegreich zu Ende führen. Der richtige Weg führt umgekehrt dahin,

---

[1] „Die Freiheit wird am besten durch die Öffentlichkeit gewährleistet". Gierke in Schr. d. V. f. S. P. Bd. 76 S. 398.

die Einsicht zu fördern und den Gewerkschaften die Erziehungsarbeit und die Erhaltung der Disziplin unter den Massen zu erleichtern. Zu der Erkenntnis, daß auf terroristischer Basis ein dauerndes festes Gebäude nicht errichtet werden kann, muß das Bewußtsein erhöhter Selbstverantwortlichkeit der Beteiligten kommen[1]. Auf dessen Schwächung läuft aber das Streikpostenverbot letzten Endes hinaus, indem es die Sorge für die gesetzmäßige Haltung der Streikenden völlig auf die Polizei ablädt und den Gewerkschaften das beste Mittel zur Disziplinierung der Massen im wirtschaftlichen Kampf aus den Händen nimmt.

Endlich soll man vom Standpunkte einer guten Sozialpolitik auch nicht vergessen, welche Wirkungen das Streikpostenverbot hinsichtlich der Stellung zwischen Arbeitgebern und Arbeiterschaft haben wird. Die Reichstagsdebatten von 1899 haben gezeigt, welche Erbitterung durch die Vorlage des damaligen Gesetzentwurfes in den weitesten Kreisen der Arbeiterschaft hervorgerufen worden ist. Selbst wenn man annehmen wollte, daß durch das Streikpostenverbot manche Fälle von Terrorismus der Arbeitswilligen verhindert würden, so müßte man sich doch immer fragen, ob die Vorteile geeignet seien, die unabsehbaren Folgerungen der gewaltigen Verbitterung der Arbeitermassen durch das Streikpostenverbot aufzuwiegen. Der Syndikus des Bundes der Industriellen äußerte sich in der Nationalzeitung[2] hierzu folgendermaßen: „Die verarbeitenden Industrien haben den Gedanken, auf diesem Wege (d. h. durch ein Streikpostenverbot) eine Lösung des Schutzes der Arbeitswilligen zu suchen, unbedingt ab-

---

[1] „... Man gönne der Arbeit, sich ebenso ungehindert zu koalieren wie dem Kapital, und hier wie dort werden sich die Kräfte der Selbsterziehung regen und durchsetzen, die schon die seitherige Geschichte der Gewerkschaften ... in so reichem Maße offenbart hat." (Korrespondenzblatt 50, 23. Jahrg. S. 763.)

[2] Frankfurter Zeitung vom 23. Januar 1913.

gelehnt, ... aus der Überzeugung, daß die Durchführung einer solchen Gesetzesbestimmung eine Radikalisierung der Arbeitermassen hervorrufen würde, eine Verschärfung der Arbeitskämpfe, an der der kleine Industrielle vor allem in Gegenden mit überwiegend freigewerkschaftlich organisierter Arbeiterschaft sehr schwer zu tragen haben würde". Der gleiche Gesichtspunkt ist auch, wie sich aus einem Bericht der Kölnischen Zeitung von 3. September 1912 ergibt, für die Entschließung der Ortsgruppe Solingen des Hansabundes gegen das Streikpostenverbot maßgebend gewesen.

Diese sozialpolitischen Erwägungen sollten doch zu denken geben, ehe man den Kampf gegen den Streikposten aufnimmt; denn es wird ein aussichtsloser Kampf sein, jedenfalls soweit der eigentliche Gewerkschaftsterrorismus in Frage steht.

III. § 19. Schwierigkeiten der juristischen Begriffsbestimmungen des Streikpostenstehens.

Wir haben oben den Aufgabenkreis des Streikpostens bereits kurz charakterisiert. Ein gesetzliches Verbot würde eine juristisch brauchbare Begriffsbestimmung der Streikpostentätigkeit zur Voraussetzung haben. Im Anschluß an den Entwurf von 1899 hat die Handelskammer von Hamburg[1] vorgeschlagen, zu dem § 153 GO. hinzuzusetzen als zweiten Absatz: „Als ein hiernach strafbares Unternehmen ist insbesondere auch das planmäßige Überwachen von Arbeitgebern, Arbeitnehmern, Wegen, Straßen, Plätzen, Bahnhöfen, Wasserstraßen, Häfen und sonstigen Verkehrsanlagen anzusehen". Nicht jede Bewachung, sondern nur die planmäßige soll unter Strafe gestellt sein. Diese Bestimmung erweist sich aber als unbrauchbar, weil bei einigermaßen geschickter Organisation der Tätigkeit der Streikposten es nur in den seltensten Fällen

---

[1] H. u. G. 20. Jahrg. Nr. 8 S. 164.

möglich sein wird, dem Strafrichter die Planmäßigkeit der Überwachung so überzeugend nachzuweisen, wie es zur Fällung eines verurteilenden Erkenntnisses nötig wäre[1]. Andererseits würde durch eine solche Bestimmung ein so tiefer Einschnitt in das Wirtschaftsleben gemacht werden, daß vor allem die Arbeitgeberschaft in sehr vielen Fällen davon betroffen würde. Die Unternehmerverbände können bei Arbeitskämpfen das Mittel der planmäßigen Überwachung von Betrieben zum mindesten ebenso wenig entbehren als die Gewerkschaften. Richtig wird in einem Gutachten[2] für den Verband sächsischer Industrieller in dieser Frage daraufhingewiesen, daß „bei einer von einem Arbeitgeberverband beschlossenen Aussperrung und ihrer Durchführung der Syndikus oder sonstige Beamte des Arbeitgeberverbandes genau so wie ein Streikposten bestraft werden müßten, wenn sie sich nur telephonisch nach der Durchführung der Aussperrung erkundigen, um sie zu ‚überwachen'. Denn eine Planmäßigkeit würde kein Gericht verneinen". Dem ist zuzustimmen, denn Planmäßigkeit bedeutet ja nicht ein fortgesetztes Überwachen, sondern nur eine einheitlich geleitete, jederzeit zur Kontrolle bereite Überwachungstätigkeit, und schon die Motive zum Entwurf von 1899 betonen ausdrücklich, daß die planmäßige Überwachung keineswegs in allen Fällen eine ausdrückliche Verbindung mehrerer oder überhaupt eine Mehrheit von Personen voraussetze. Das Streikpostenverbot würde sich demnach auch gegen Kartelle und Syndikate richten, wenn sie in irgend einer Weise versuchten, die Einhaltung der Verbandsbestimmungen zu kontrollieren.

Man hat diesen Konsequenzen aus dem Wege gehen wollen durch eine einschränkende Klausel. So will der Zentralverband der deutschen Industriellen das Streikpostenverbot

---

[1] Vgl. Bericht der Handelskammer Magdeburg in H. u. G. 19. Jahrg. Nr. 38 S. 890. Denkschrift des Hansabundes S. 8.
[2] Mitgeteilt in der „Sächsischen Industrie" vom 25. September 1912.

mit dem Tatbestand der Drohung vereinen. Der § 241 des jetzigen Strafgesetzbuchs soll darnach in dem neuen Strafgesetzbuch folgende Fassung erhalten: „Wer durch gefährliche Drohung einen anderen in seinem Frieden stört, wird bestraft. Einer gefährlichen Drohung im Sinne des ersten Absatzes macht sich auch derjenige schuldig, der es unternimmt, Arbeitgeber, Arbeitnehmer pp. planmäßig zu überwachen". Meines Erachtens wird durch diese Fassung nichts geändert: auch die Überwachungstätigkeit der Unternehmer, insofern sie sich als wirtschaftlicher Druck darstellt, stört den anderen in seinem Frieden. Ganz abgesehen davon aber stellt sich das Tatbestandsmerkmal der Friedensbedrohung als durchaus ungeeignet dar; es gibt zu so verschiedenartigen Deutungen Anlaß, daß es „bei loyaler Anwendung alles beim alten lassen, jedem Richter aber die formale Grundlage für eine Unterdrückung des Koalitionsrechtes bieten würde"[1]. Frieden im sozialpolitischen Streite zu schaffen, dürfte ein so verklausuliertes Verbot daher kaum geeignet sein.

Diese Erörterungen zeigen, daß es kaum gelingen dürfte, eine juristisch brauchbare Begriffsbestimmung des Streikpostenstehens zu finden. Und so hat denn auch der Generalsekretär Frhr. von Reiswitz im Zentralverband der Deutschen Industriellen am 7. November 1911[2] zugegeben, daß die juristischen Handhaben zu einer Gesetzgebung gegen das Streikpostenstehen „schon an und für sich etwas brüchiger Natur" seien, und selbst der ehemalige Geschäftsführer des Vereins Bueck hat sich ihm darin angeschlossen.

---

[1] Frankfurter Zeitung von 23. Januar 1913.
[2] Z.-V. D. I. Nr. 124 S. 66.

Dritter Unterabschnitt.

§ 20. Empfiehlt sich ein beschränktes Verbot der Streikpostentätigkeit?

Aus den angegebenen Gründen ist ein generelles Verbot des Streikpostenstehens jedenfalls abzulehnen. Wir sahen, daß an der Gegnerschaft gegen die Streikposten vor allem die weitverbreitete fälschliche Auffassung von der Stellung der Gewerkschaften und ihrer Organe zu den Ausschreitungen schuld ist. Daß die Institution des Streikpostendienstes für letztere weder unmittelbar noch mittelbar generell verantwortlich gemacht werden kann, hat uns ein Blick in die Gewerkschaftsliteratur und die Gewerkschaftspraxis gezeigt. Daß dagegen in Einzelfällen häufig eine gewisse Gefahr besteht, daß der Streikposten sich trotz aller Vorsichtsmaßregeln der Gewerkschaften von der allgemeinen Stimmung zu Ausschreitungen hinreißen läßt, ist nicht zu leugnen. Um dieser Gefahr vorzubeugen sind vom Komitee der Friedensrichter Liverpools folgende Vorschläge gemacht[1]: Als Streikposten sollten nur die durch Gewerkschaften autorisierten und äußerlich durch eine weiße Armbinde gekennzeichneten Streikposten zugelassen werden. Die Höchstzahl aller Streikposten in einem Streik sei auf zwölf zu beschränken und das Streikpostenstehen vor Privatwohnungen zu verbieten. Was ist von diesen Vorschlägen zu halten? Es ist richtig, daß die äußere Kennzeichnung der Streikposten in wirksamer Weise dem Bestreben der Gewerkschaften, jede Ungesetzlichkeit ihrer Organe zu verhüten und auf die Masse selbst einen günstigen Einfluß zu üben, entgegenkommt, indem es als vortreffliches Mittel der Selbstdisziplin wirkt. Zugleich erleichtert es die Feststellung des Täters bei Streikexzessen und trägt auf der anderen Seite dazu bei, den Streikposten

---

[1] Vgl. „Sächsische Industrie" vom 25. September 1912.

gegenüber der Polizei eine gewisse begünstigte Stellung einzuräumen, insofern als die Entscheidung, inwieweit im Einzelfalle die Tätigkeit der Streikposten mit Ausschreitungen der Menge im Zusammenhang steht und daher eine Entfernung der ersteren notwendig wird oder nicht, bei einer sichtbaren Kennzeichnung der Streikposten ungeheuer erleichtert wird und daher zu gerechteren Ergebnissen führt. Diesen Vorteilen steht aber die Tatsache gegenüber, daß in der Autorisierung bestimmter Gewerkschaftsorgane eine Einmischung staatlicher Behörden in Wirtschaftskämpfe, also an sich rein private Angelegenheiten, liegt, die besser vermieden wird. Doch davon abgesehen wird auch eine Umgehung dieser Vorschriften den Gewerkschaften nicht schwer werden. Dünkt ihnen die Zahl der gestatteten Streikposten zu klein, so werden sie sie heimlich sehr einfach durch weitere nicht gekennzeichnete Posten vermehren können, da wir gesehen haben, daß der Nachweis der planmäßigen Überwachung kaum zu führen ist. Ferner würde in diesen Fällen auch die Hausagitation sehr wahrscheinlich noch heftiger einsetzen. Durch letztere würde übrigens auch das Verbot des Streikpostenstehens vor Privatwohnungen meist illusorisch gemacht werden können. Endlich würde sich auch bei Gestattung bestimmter Streikposten doch höchstens eine Polizeistrafe des unerlaubten Streikpostendienstes rechtfertigen, die eine allzugroße prävenierende Wirkung kaum haben dürfte. Alles in allem genommen, würde eine Änderung des heutigen Zustandes sich auch auf diese Weise nicht ergeben.

Schluß.

§ 21. Gesetzesreform und Gesetzeshandhabung.

Das Ergebnis der vorstehenden Erörterung läßt sich dahin zusammenfassen, daß ein Streikpostenverbot weder in vollem noch in beschränktem Umfange sich rechtfertigen läßt.

Soweit eine Bekämpfung der Auswüchse des Streikpostenstehens durch das Strafgesetzbuch in Frage steht, fällt unser Problem mit dem des Schutzes der Arbeitswilligen überhaupt zusammen und ist hier nicht weiter zu verfolgen. Es mag nur darauf hingewiesen werden, daß ein wirksamer Schutz der Arbeitswilligen wegen der allgemeinen general- und spezialpräventierenden Wirkungen der Strafe mittelbar auch die Tätigkeit der Streikposten in günstigem Sinne zu beeinflussen geeignet ist[1].

Darüber hinaus an den Gesetzgeber zu appellieren, ist verfehlt. Die Überschätzung der Gesetzgebung ist ein Fehler der Sozialpolitik der letzten Jahrzehnte gewesen. Wir kranken geradezu an einer Übersättigung mit Gesetzen. Es wird sich

---

[1] Man muß aber auch hier warnen vor einer Überspannung dieses Prinzips der Prävention. Der heute so häufig erhobenen Forderung der Aburteilung von Streikprozessen im beschleunigten Verfahren stehen doch erhebliche Bedenken gegenüber. Sie würde der augenblicklichen Stimmung allzuleicht Eingang auch in das Strafverfahren verschaffen, eine Gefahr, die besonders bezüglich der Schöffengerichte nicht zu leicht genommen werden darf. In demselben Maße wie ein schnelles gerechtes Urteil sicherlich seine günstige Wirkung auf die Massen auszuüben vermag, würde ein aus der gegenwärtigen Erregung geborenes Urteil unabsehbare Folgen für den äußeren Verlauf eines Streiks haben. Meines Erachtens ist deshalb ein solches Ausnahmeverfahren der délits flagrants besser zu vermeiden.

§ 21. Gesetzesreform und Gesetzeshandhabung.

aber stets zeigen, daß die Gesetzgebung „mit den Schablonen, die ihr zur Verfügung stehen, nicht alle möglichen Mißstände verhindern kann, sie muß manches dem freien Spiel der Kräfte überlassen"[1]. Gerade für unsere Frage gilt, was Professor Pierstorff im Verein für Sozialpolitik[2] ausführte: „Die Gesetze allein tun es nicht; die Reform der Gesetzgebung möchte ich fast für etwas Sekundäres halten. Das Primäre ist der ganze Geist der Verwaltung und der regierenden Kreise". Wer die psychologisch wirksamen Momente im Streik erkannt hat, wird auf diesen Geist der Verwaltung und seine fortwährende Rückwirkung auf die Stimmung der Massen das größte Gewicht legen. Die Erbitterung in einer Ausstandsbewegung ersteht nicht von heute auf morgen, sondern sie hat ihre Kraft aus unendlich vielen feinsten Kanälen gezogen, die von weit herlaufen. Hier findet der sozialpolitische Geist der gesamten Zeitepoche seinen Niederschlag. Nicht daß die Unternehmer ihren Standpunkt festhalten, sondern wie sie es dem Arbeiter gegenüber tun, ist von ausschlaggebender Bedeutung. Nicht daß Streikposten zur Verantwortung gezogen werden, sondern wie der Richter im Einzelfalle den Tatbestand würdigt, ist das Wichtige. Solange Urteile wie das des Schöffengerichts Spandau vom 6. Oktober 1897[3], in der der Streikposten als ein „Spion" und „Aufwiegler" gekennzeichnet wird, fortwirkend von Mund zu Mund und durch die Arbeiterpresse das Gefühl einer Klassenjustiz und damit steigende Erbitterung verbreiteten, solange die Polizeiverwaltungen im Verein mit anderen Behörden die Entfaltung der Gewerkschaften hemmten und „es so verschuldeten, daß die Kinderkrankheiten mangels älterer Mitglieder sich verewigten"[4], solange konnte eine friedliche

---

[1] Weber a. a. O. S. 175.
[2] Schr. d. V. f. S. P. Bd. 76 S. 409.
[3] Legien a. a. O. Bd. 3 S. 85.
[4] Oldenberg im Handwörterbuch der Staatswissenschaften Bd. 1 S. 962.

Gestaltung der Wirtschaftskämpfe nicht erwarten, wer die Psychologie der Arbeitermassen nur ein wenig in den Kreis seiner Betrachtungen zog. Aus denselben Gründen werden auf der anderen Seite die Gewerkschaften in ihrem eigensten Interesse gut daran tun, sich immer mehr davon zu überzeugen, daß die sozialdemokratische Presse durch ihre aufreizende Sprache sehr oft ihnen den schlechtesten Dienst in dieser Beziehung erweist.

Ist so unser Problem nicht so sehr eines der Gesetzesreform sondern der Gesetzeshandhabung, so zeigt sich das insbesondere an der Stellung der Polizei während des Streiks. In ihrer Hand liegt es, das Koalitionsrecht in den gesetzlich zulässigen Grenzen wirksam zu gestalten. Eine energische und kraftvolle Handhabung der polizeilichen Bestimmungen — das dürften die vorangehenden Ausführungen ergeben haben — wird auch gegenüber den Auswüchsen des Streikpostenstehens stets den gewünschten Erfolg haben müssen. Mangel an Takt dagegen und Vorurteile der Behörden können die größten Gefahren für die öffentliche Ordnung in jedem Streik heraufbeschwören. Wieviel an der Handhabung der bestehenden Machtmittel liegt, das haben die Streiks in Plauen, im Zwickauer Revier und im Ruhrgebiet bewiesen. Die Einsicht in die Psychologie des Streiks allein erweist die große Verantwortung, die auf der Polizei bei Ausstandsbewegungen lastet. Der Arbeiter hat ein ungeheuer feines Verständnis für den Geist, der die Polizeibehörde bei ihren Maßnahmen beherrscht. Daß auf seiten der letzteren viel gebessert werden kann und muß, haben wir festgestellt. Insbesondere werden die Polizeiverwaltungen das größte Gewicht darauf legen müssen, daß bei ihren Organen immer mehr das Vorurteil gegen die Streikposten bezüglich der Streikausschreitungen schwinde und ihnen zum Bewußtsein komme, daß sie niemals in den wirtschaftlichen Kampf zweier Gruppen selbst einzugreifen haben. Nicht „im Dienste staatserhaltender Elemente" und nicht zur Bekämpfung der „roten Gefahr" hat die Polizei tätig zu sein, sondern allein zum Schutz von Recht und Gesetz. Es ist sehr zu begrüßen, daß der Minister des Innern wiederholt, zuletzt in einem Runderlaß vom 1. April 1909, darauf aufmerksam gemacht hat, daß den Polizeibeamten die Annahme von Geld seitens der Unternehmer wegen ihrer Tätigkeit bei Streiks untersagt ist.

So wird denn die Polizei auch in Zukunft den Verlauf des Streiks im Hinblick auf die Aufrechterhaltung der öffentlichen Ordnung und den notwendigen Schutz der Beteiligten gegen ungesetzliche Beeinflussungen ausschlaggebend beeinflussen können, in günstigem wie in ungünstigem Sinne. Daß es in ersterem Sinne geschehe, dazu kann allein verhelfen, daß der Geist sozialer Gerechtigkeit auch in den unteren Organen unserer Verwaltung immer mehr lebendig werde. „Dieser Geist ist zugleich der Geist sozialer Zweckmäßigkeit".

Printed by Libri Plureos GmbH
in Hamburg, Germany